MEINE WELT

AUSGEDACHT UND AUFGEZEICHNET VON

(HIER KOMMT DEIN NAME HIN)

KERI SMITH

AUS DEM ENGLISCHEN VON ULRIKE BECKER

KUNSTMANN

ALLE GROSSEN LEUTE SIND EINMAL
KINDER GEWESEN ...
ABER WENIGE ERINNERN SICH DARAN.

ANTOINE DE SAINT-EXUPÉRY

FÜR TILDEN UND IDA,
MÖGET IHR EUCH IMMER DARAN ERINNERN.

INHALT

HIER KANNST DU SCHON MAL SEHEN, WAS FÜR TOLLE SACHEN DU MACHEN WIRST.

Einleitung ... vi
Ein paar Bemerkungen zum Thema Utopie von Steve Lambert ... ix
Gebrauchsanweisung zu diesem Buch ... x
Werkzeugkiste für deine Welt ... xi
– Tipps und Visualisierungstechniken ... xi
– Gedankenspiele ... xiii
– Der Mooreeffoc-Effekt ... xiv
Die Datenbank ... xvi
Los geht's ... 1
Gleich ist es so weit 2
Beschreib die Straße ... 5
Entwirf eine Landschaft ... 8
Beschreib das Wetter ... 11
Bau dir ein Zuhause ... 13
Zeichne eine Landkarte ... 14
Bestimm deine Rolle ... 19
Schreib dir einen Lebenslauf ... 21
Mach eine Liste deiner geheimen Identitäten ... 22
Erfinde die Figuren ... 25
Hauch deinen Figuren Leben ein ... 26
Gib deiner Welt einen Namen ... 29
Entwirf die Hauptzentrale deiner Welt ... 31
Erfinde eine eigene Währung ... 32
Beschwör deine Zauberkraft ... 35
Erschaffe das Unsichtbare ... 37
Gib Unterricht ... 39
Schreib ein paar Bücher ... 41
Richte dir einen besonderen Platz für dich selbst ein ... 43
Hier sind ein paar Berge ... 45
So verfasst man ein Manifest ... 46
Schreib ein Manifest ... 47
Gib deinem Land Verhaltensregeln und eine Verfassung ... 48
Bau ein Museum ... 51
Entwirf ein Logo/Symbol ... 53
Entwirf dein Outfit ... 55
Denk dir eine Speisekarte aus ... 57
Mach eine Liste deiner geheimen Träume ... 58
Hier ist ein Laden ... 61
Schreib selbst Geschichte ... 63
Bastle historische Fundstücke ... 65
Mach ein paar neue Erfindungen ... 67
Beschreib ein imaginäres Abenteuer ... 69

Beschreib dein Verkehrssystem ... 71
Hier ist ein Baum ... 72
Erstell ein Wörterbuch ... 74
Entwirf ein Plakat ... 77
Erfinde einen neuen Feiertag ... 78
Plane für eine größere Zukunft ... 80
Bau ein Geheimlabor ... 83
Füge hier Porträts bedeutender Bürger ein ... 85
Plane einen Festumzug ... 87
Kleb hier Bilder oder Fotos ein ... 88
Schaff einen Versammlungsort ... 91
Denk dir einen Raum der Erinnerung aus ... 93
Leg einen Park an ... 95
Unternimm eine Nachtwanderung ... 97
Beschreib die Unternehmen in deiner Welt ... 99
Lass einen Teil deiner Welt so aussehen wie deinen Lieblingsroman oder Lieblingsfilm ... 101
Schreib einen Reiseführer ... 103
Finde einen Soundtrack ... 105
Entwirf einen konzeptionellen Raum ... 106
Verändere Teile der realen Welt ... 109
Entdecke ein unerforschtes Gebiet ... 111
Gründe eine Organisation ... 113
Erstelle ein Diagramm deines Tages ... 115
Katalogisiere deine Welt ... 117
Richte einen Bereich ein, der einzig und allein zum Spielen dient ... 119
Entwirf einen Bereich für etwas, was du sehr gerne machst ... 121
Mach eine Zeitkapsel ... 123
Dokumentiere die Pflanzenwelt ... 125
Beschreib die verschiedenen Tierarten ... 127
Hier ist eine Insel ... 129
Bau ein Denkmal ... 131
Konstruiere etwas aus deinem Lieblingsmaterial ... 133
Noch ein paar Werkzeuge ... 135
Brainstorming: Methoden ... 136
Tipps fürs Brainstormen ... 137
Faktor Zufall ... 138
Ideengenerator ... 141
So macht man einen Grundriss ... 142
Kartenelemente ... 145
Geräteteile ... 147
Bauwerke ... 149
Staatsangehörigkeitsnachweis ... 151
Was du mit deiner Welt machen kannst ... 152
So arbeitest du mit Pappe ... 153
Liste von Variablen ... 154
Andere imaginäre Welten, die es sich zu erkunden lohnt ... 157
Notizen ... 159

EINLEITUNG

DIE DREI GEHEIMNISSE DER MAGIE

(DIE ESSENZ AUS MEHREREN JAHRHUNDERTEN OKKULTEN WISSENS)

1. DIE WIRKLICHKEIT IST NICHT IMMER SO, WIE ES SCHEINT.
2. FANTASIE SCHAFFT WIRKLICHKEIT.
3. DIE WIRKLICHKEIT BESTEHT AUS WORTEN.*

– FERDINANDO BUSCEMA (MAGIER)

* UND AUS BILDERN. (ERGÄNZUNG DER AUTORIN)

Eine Welt zu erschaffen, ist eine revolutionäre Tat.

Sich etwas Anderes, Besseres oder Interessanteres vorzustellen, bedeutet, der existierenden Welt einen Anstoß zur Veränderung zu geben. Einige der größten Revolutionen unserer Zeit wurden ausgelöst, weil jemand den Mut hatte, sich etwas Neues auszudenken.

Wenn es stimmt, dass die Fantasie unsere Wirklichkeit erzeugt, dann dürfen wir uns als Alchemisten verstehen, die in der Lage sind, unsere Gesellschaft und unsere ganze Kultur durch Worte und Gedanken zu verwandeln. Wir haben die Macht, eine angeschlagene Kultur mithilfe der „magischen Kraft" unserer Fantasie zu heilen. Schon indem wir unsere Ideen festhalten, können wir einen Veränderungsprozess in Gang bringen.

Es wird Zeit, damit anzufangen.

Vergiss nicht: Du verfügst über spezielle Kräfte!

*

Dieses Buch beginnt mit einer Liste.

Du hast die Aufgabe, eine detaillierte Liste von allem zu erstellen, was du gut findest – von den Dingen, die du liebst und magst, die dich faszinieren, die aufregend sind, die du gerne anschaust, die du sammelst. Das können Gegenstände sein, Farben,

Wir tragen die Wunder in uns, die wir außen suchen. – Sir Thomas Browne

Töne, Muster, Gerüche, Materialien, Essen, Erinnerungen, Orte oder Menschen. Schreib so viel auf, wie dir einfällt. Deine Liste nennen wir die „DATENBANK“.

Die Sachen in der DATENBANK sind deine Bausteine – so wie für einen Maler die Farben –, aus denen du das Grundmuster und das Fundament für den Ort, an dem du leben willst, errichten kannst. Deine Fantasiewelt wird ausschließlich auf dem aufbauen, was dich ganz persönlich ausmacht, deshalb wird sie absolut einzigartig sein.

Sobald du mit deiner DATENBANK fertig bist, kannst du mit den Anleitungen anfangen. Du wirst manchmal aufgefordert werden, bei der Gestaltung deiner Welt auf diese Liste zurückzugreifen.

*

Alle Menschen haben Träume: wo sie gerne wohnen würden, was sie am liebsten mit ihrer Zeit anfangen würden, wie alles schöner sein könnte, als es ist. Manche träumen auch davon, wie man die Welt verbessern könnte und wie sie dann aussähe. Andere entwerfen in ihren Träumen völlig neue Gesellschaftskonzepte, neue politische Ordnungen oder neue Wirtschaftssysteme. Auf den Seiten dieses Buches ist dir erlaubt, deine eigene Wirklichkeit zu erschaffen.

IN WAS FÜR EINER WELT WILLST DU LEBEN?

Die Wirklichkeit wird immer durch die Fantasie gebrochen, und unsere Fantasie lässt uns unser Leben leben. – Stephen Duncombe

Vermutlich hast du noch ein paar Ideen in der Schublade aus der Zeit, als du klein warst (kleine Kinder dürfen sich ja unentwegt Fantasiewelten ausdenken). Versetz dich in deine Kindheit zurück: Was hat dir am meisten Spaß gemacht? Was hat dich beim Spielen total begeistert? Vielleicht bist du zum Beispiel viel Fahrrad gefahren und hast dir dabei Geschichten ausgedacht, etwa dass du gerade ein Weltentdecker bist oder dich auf einer wichtigen Mission befindest. Knüpf an diese Gedanken an, wenn du deine Welt entwirfst.

Denk auch daran, dass deine Welt nicht unbedingt in wörtlicher Hinsicht Sinn machen muss – lass sie sich einfach von alleine entwickeln. Vielleicht ist manches in ihr albern, vollkommen absurd, seltsam oder magisch – umso besser! Treib deine Fantasie an ihre Grenzen. Tob dich ruhig nach Herzenslust im Unmöglichen aus – das ist richtig spannend.

Deine Welt kann die Grundlage für all deine künftigen Projekte werden (sieh auf Seite 152 nach, was du mit deiner Welt alles machen kannst). Vielleicht wird sie der Auslöser für all das sein, was aus dir eines Tages wird und was du in deinem Leben erschaffst. Und sie wird hoffentlich wachsen und sich im Laufe der Zeit verändern.

Ab jetzt sind deiner Kreativität keine Grenzen mehr gesetzt!

„ÜBERALL UM UNS HERUM SCHREIEN DIE GRUNDLAGEN DES LEBENS DANACH, GEFORMT ODER GESCHAFFEN ZU WERDEN.

– JOSEPH BEUYS

(IN EINEM INTERVIEW MIT FRANS HAK, 1960)

Wenn wir uns eine Fantasiewelt ausdenken, dann ist das eigentlich ein Versuch, unsere Idee einer Utopie zu beschreiben: Wir erschaffen uns im Kopf die Welt, in der wir selbst gerne leben würden. Um den Begriff der Utopie genauer zu beleuchten, habe ich mich an Steve Lambert gewandt, der Künstler und Leiter des *Center for Artistic Activism* (Zentrum für künstlerischen Aktivismus) ist – einer Organisation mit dem Ziel, an der Beziehung zwischen gesellschaftlichem Engagement und künstlerischer Praxis zu arbeiten.

EIN PAAR BEMERKUNGEN ZUM THEMA UTOPIE VON STEVE LAMBERT

Das Problem mit der Wirklichkeit besteht darin, dass sie so leicht zu erkennen ist.
Schau dich um. Da ist sie.
Geh nach draußen. Schon siehst du noch mehr von ihr.

Aus der Gegenwart der Wirklichkeit gibt es kein Entkommen. Sie ist immer da, um dich an sie zu erinnern, und alles erscheint so greifbar und endgültig. So real.

Dabei ist es überhaupt nicht endgültig. Die Dinge verändern sich ständig, und auf lange Sicht ist alles nur vorübergehend. Außerdem ist unsere Vorstellung von dem, was real ist, nie vollständig – wir können schließlich nicht alles wissen. Und zudem haben wir zumeist kein zutreffendes Bild der Wirklichkeit – zu den wichtigsten Momenten im Leben gehören die, in denen wir etwas lernen und unsere Meinung zu einem bestimmten Thema ändern. Dadurch wachsen wir.

Wenn wir über die Zukunft nachdenken, kann diese Wirklichkeit uns im Weg stehen. Unsere unvollständigen und unzutreffenden Vorstellungen des Realen und die Beharrlichkeit dieser Realität beeinträchtigen schließlich unsere Vorstellung von dem, was auf der Welt wahrscheinlich ist. Dadurch sind auch unsere Zukunftsvisionen beeinträchtigt und unterscheiden sich meist nicht sehr von dem, was wir im Augenblick für wirklich halten.

Es erfordert besondere Anstrengung und viel Fantasie, diese beeinträchtigten Visionen beiseitezuschieben und uns eine Wirklichkeit zu erträumen, die uns lieber wäre als die vorhandene, ganz zu schweigen vom Ausloten der unzähligen Möglichkeiten, die die Zukunft birgt.

Warum sollten wir das also tun? Es ist ganz schön mühsam.

Allerdings macht es auch viel Spaß. Die Welt könnte viel besser sein, als sie jetzt ist. Wenn man sich die Zukunft vorstellen möchte, dann ist es sehr viel erfreulicher, die Fehler, die schon gemacht wurden, hinter sich zu lassen und sich etwas radikal Neues auszudenken. Aber es gibt noch einen zweiten Grund.

Das Wort Utopie ist eine Kombination aus zwei griechischen Wörtern: *oú* (kein) und *tópos* (Ort). Utopie bedeutet übersetzt „kein Ort". Man darf daher nicht vergessen, dass es unmöglich ist, in der Utopie anzukommen, weil sie ein „Nicht-Ort" ist. Wir malen uns Utopien aus, um einen Punkt vor Augen zu haben, der unserem Lebensweg eine Richtung gibt. Ohne Utopien sind wir verloren – wir reisen orientierungslos durchs Leben und können nur ahnen und hoffen, dass wir vorwärtskommen. Der Zweck einer Utopie besteht nicht darin, uns einen Endpunkt vorzugeben, sondern uns eine Richtung aufzuzeigen, damit wir weitergehen können.

GEBRAUCHSANWEISUNG ZU DIESEM BUCH

1. Überleg dir, was am besten zu dir passt: Schreiben, Zeichnen, Collagen machen oder eine Kombination davon.

2. Die Anleitungen auf den ersten Seiten sind als Aufwärmübungen gedacht, aber du kannst natürlich springen und anfangen, wo du willst. Beginne mit den Sachen, zu denen du am meisten Lust hast.

3. Alle Anleitungen können frei interpretiert werden. Sie sind da, um deine Fantasie anzuregen, aber du brauchst sie nicht genau zu befolgen.

4. Anleitungen, die du uninteressant findest, einfach abwandeln oder ignorieren. Mach nur das, was zu dir und deiner Welt passt; vielleicht willst du zum Beispiel kein Manifest verfassen, sondern dir viel lieber Figuren ausdenken.

5. Wenn dir beim Erschaffen deiner Welt ein bestimmter Teil besonders viel Spaß macht, dann steck deine Energie hinein. Es könnte etwas Spannendes dabei herauskommen.

6. Falls dir die Buchseiten zu klein werden und du mehr Platz brauchst, such dir ein Stück Karton oder tackere ein paar Blätter Papier zusammen.

7. Verwende nur Dinge, die schon da sind. Wühl den Recyclingmüll durch, schau in der Garage nach altem Holz, nimm die Wolle eines ausrangierten Pullovers oder funktioniere einen Schuhkarton um.

WERKZEUGKISTE FÜR DEINE WELT

Hier werden ein paar Methoden vorgestellt, die dir beim weiteren Schöpfungsprozess nützen werden. Such dir was aus. Nimm das, was dich anspricht!

TIPPS UND VISUALISIERUNGSTECHNIKEN

1. Mach einen Spaziergang durch dein Wohnviertel. Achte darauf, was dein Interesse weckt (zum Beispiel Bäume, Gebäude). Benutze diese Sachen als Basis für die Sachen in deiner Welt, aber verändere sie ein bisschen. Mach etwas Magisches daraus.

2. Mach einen langen Spaziergang. Mindestens eine Stunde. Lass dein Unterbewusstsein für dich arbeiten. Es soll unterwegs brainstormen. Sei offen und achtsam, aber denk über neue Ideen nicht zu lange nach. Lass sie einfach kommen und beurteile sie erst mal nicht. Schreib sie einfach auf (oder mach eine Zeichnung). Nimm dir regelmäßig Zeit für lange Spaziergänge.

3. Mal dir Alternativen zu deinem jetzigen Leben aus. Wo würdest du gerne hinfahren oder wohnen, was würdest du gerne ausprobieren? Was möchtest du werden? Was ist so aufregend, dass du deswegen nachts nicht schlafen kannst? Was siehst du, das sonst niemand sieht? Was würdest du machen, wenn Geld/Zeit/Umstände keine Rolle spielten? Was ärgert dich an deiner jetzigen Welt?

4. Nimm dir eine Auszeit von der Technik. Gib deinem Kopf eine Pause, damit neue Ideen auftauchen können.

5. Nimm dieses Buch überallhin mit. Ideen kommen einem meistens dann, wenn man am wenigsten mit ihnen rechnet (sehr oft nachts). Befestige einen Stift am Buch, damit du sie gleich aufschreiben kannst.

6. Deine Welt soll lebendig und belebt sein. Vielleicht willst du Dinge aus unserer Welt (oder aus anderen Kulturen in unserer Welt) als Ausgangspunkt für deine Ideen nehmen. Die Filme von Hayao Miyazaki zum Beispiel zeigen das Glaubenssystem des japanischen Shintoismus. Als animistische Religion betont der Shintoismus die Eintracht mit der Natur, und seine Gottheiten und Geister sind überall. Sie sind sichtbar für die, die offen für sie sind (meistens kleine Kinder), und können alle möglichen Gestalten annehmen: Wollmäuse etwa sind Staubgeister, die dein Haus schmutzig machen, wenn du gerade nicht hinschaust. Wie könnte ein Holzgeist aussehen? Ein Flussgeist? Ein Papiergeist? Warum sollten sie dich besuchen?

7. Du kannst Modelle der Dinge herstellen, die in deiner Welt vorkommen. Siehe Seite 153.

8. Falls es dir schwerfällt, bei null anzufangen, dann benutze einfach einen wirklichen Ort, den du gut kennst, als Grundlage. Zeichne eine Karte von diesem Ort und verändere dann alles so, dass es deinem Geschmack und deinen Wünschen entspricht.

9. Hab deine Lieblingsbücher in Reichweite, wenn du über deine Welt nachdenkst. Hiermit hast du die Erlaubnis, daraus Ideen zu leihen oder zu klauen, um dich beim Erschaffen deiner Welt inspirieren zu lassen. Du brauchst die Ideen nicht eins zu eins abzukupfern, aber du kannst ein paar davon in leicht veränderter Form übernehmen.

10. Nutze zum Bau von Objekten, Apparaten und anderen Konstruktionen die Zufallsfunktion auf Seite 138.

11. Wenn du nicht weiterkommst, wirf einen Blick in deine DATENBANK, sie ist deine Inspirationsquelle Nummer eins. In dieser Liste verbirgt sich das wahre Wesen deiner neuen Welt. Beginn mit Sachen, die du gut kennst, und fang dann langsam an zu experimentieren.

12. Hab keine Angst, Sachen auszuprobieren. Nicht alles, was du erschaffst, muss dir gefallen – experimentiere einfach nach Lust und Laune und schau, was passiert. Was dir nicht gefällt, kannst du jederzeit verwerfen oder überarbeiten.

13. Am Schluss dieses Buchs findest du eine Liste von Variablen (möglichen Dingen), auf der auch verschiedene Gebäudetypen, Klimazonen usw. stehen, die du in deine Welt einbauen kannst. Diese kannst du als Inspiration benutzen – oder per Zufallsprinzip auswählen.

GEDANKEN-SPIELE

DAS RÄTSEL GIBT ES NICHT. WENN SICH EINE FRAGE ÜBERHAUPT STELLEN LÄSST, SO KANN SIE AUCH BEANTWORTET WERDEN.

LUDWIG WITTGENSTEIN

Aus Gedankenspielen entstehen häufig die besten Ideen. Eine Frage zu stellen und sie dann zu beantworten, kann dich auf alle möglichen Ideen bringen, an die du sonst nie gedacht hättest.
Beim Erschaffen deiner Welt kannst du Gedankenspiele nutzen, vor allem, wenn dir gerade mal nichts einfällt. Zum Beispiel: Was wäre, wenn die Bewohner deiner Welt beim Bau ihrer Häuser nur Materialien verwenden dürften, die sie gefunden haben? Wie würden ihre Behausungen aussehen?

Und hier sind noch ein paar weitere Fragen zum Ausprobieren:

Was wäre, wenn ...

... die Personen in deiner Welt nur bestimmte Farben sehen könnten? Wie würde sich das auf ihre Welt auswirken?

... bestimmte Gegenstände sehr klein wären? Oder sehr groß?

... das einzige Farbpigment, das es in deiner Welt gibt, blau wäre?

... deine Welt vertikal wäre?

... manche Gebäude aus Eis bestünden?

... deine Welt schwimmen würde? Oder schweben?

... manche Alltagsgegenstände Zauberkraft besäßen?

... man sein Haus anziehen könnte?

DER MOOREEFFOC EFFEKT

Beim Mooreeffoc-Effekt geht es darum, etwas Wohlbekanntem einen eingebildeten Spiegel vorzuhalten, damit der eigene Blick darauf sich ändert – man nimmt das Gewohnte und verschiebt es leicht, sodass es ungewohnt und seltsam erscheint. Den Begriff hat Charles Dickens erfunden, als er eines Tages in ein Café ging und ihm auffiel, dass das Wort „Coffeeroom“ verkehrt herum auf der Fensterscheibe stand, wenn man sich drinnen befand. Das hatte den Effekt, dass sich etwas Wohlbekanntes in etwas Neues, Merkwürdiges verwandelte: in einen Ort mit einer Sprache, die er nicht verstand.

DEFINITION VON MOOREEFFOC

Mooreeffoc ist ein Unsinnswort ... Es bedeutet ‚Coffee-room', vom Innern her durch eine Glastür gelesen, so wie es Dickens an einem trüben Tag in London gesehen hatte. Chesterton übernahm das Wort, als Bezeichnung für die Befremdlichkeit alltäglicher Dinge, sobald man sie aus einem neuen Blickwinkel betrachtet.

J.R.R. Tolkien

(Du kannst diese Erfahrung auch machen, wenn du ein alltägliches Wort nimmst und es immer wieder aufschreibst – so oft, bis du es nicht mehr erkennst und es dir unsinnig vorkommt.)

Wir können diese Technik beim Erfinden unserer eigenen Welt anwenden, indem wir Orte und Räume, die wir gut kennen, durch das Hinzufügen von etwas Unerwartetem oder Seltsamem leicht verändern. Was, wenn sich im Stamm deines Lieblingsbaums unten eine kleine Tür befände? Was, wenn eine Seite eines Buches in Geheimschrift verfasst wäre? Was, wenn die Küche bei dir zu Hause eine Falltür hätte, die noch nie jemandem aufgefallen ist? Wohin führt sie wohl? Was, wenn im Spiegel etwas anderes zu sehen wäre, als man erwarten würde? Du kannst auch mal ausprobieren, aus den Namen bekannter Orte oder Plätze Anagramme zu bilden, um neue Ortsnamen für deine Welt zu finden. (Ein Anagramm ist ein Wort, das durch das Umstellen der Buchstaben eines anderen Wortes entsteht.)

DIE DATENBANK

Diese paar Seiten werden als Bausteine für deine Welt dienen. Du wirst oft auf sie zurückkommen, daher wäre es praktisch, wenn du sie so markierst, dass du dich leicht darin zurechtfindest.

IN WAS FÜR EINER WELT WILLST DU LEBEN?

In was für eine Welt würdest du dich gerne zurückziehen?

Schreib ein paar Dinge auf, die du in der echten Welt magst oder nicht magst.

Schreib auch ein paar Dinge aus verschiedenen Epochen auf, die du magst oder nicht magst – wenn dir welche einfallen.

Was bringt dich ins Staunen? Notiere einfach alles, was dich fasziniert.

KATEGORIEN

Schreib für jede Kategorie Dinge auf, die du besonders gerne magst. Wenn du mehr Platz brauchst, benutze dafür die Notizseiten am Ende dieses Buches.

Bücher
Filme
Musik
Farben
Materialien
Gerüche
Geräusche
Landschaften
Klima/Wetter

Zeitalter/Epochen
Orte/Plätze
Tiere
Künstler
Kleidung
Menschen
Gegenstände
Spiele/Spielsachen/Unterhaltung

DEINE PERSÖNLICHE GESCHICHTE IN KÜRZE

Woher kommst du? Woher kommt deine Familie?

Mach eine Liste von Dingen aus deiner Vergangenheit, die dich geprägt haben und die besonders für dich sind (Erlebnisse, Fähigkeiten, Erinnerungen, Personen usw.).

MATERIALIEN

Sammle für diese Seite Muster und Materialien.

BILDER

Sammle Bilder von Sachen, über die du staunst oder die du toll findest. (Du kannst dafür auch ein Tagebuch oder Pinterest/Instagram etc. benutzen.)

Schreib all das auf, was du an deiner Persönlichkeit für etwas Besonderes hältst.

Dann füg all das hinzu, was du sonst noch auf der Liste der Sachen, die dich inspirieren, stehen haben möchtest.

ANMERKUNG DER AUTORIN:

Ich nehme an, dass du ein bisschen Unterstützung haben möchtest beim Ausdenken und Erschaffen deiner eigenen Welt. Deshalb erlaube ich mir, dir ein paar Ideen vorzugeben – auch wenn sie zu deiner speziellen Welt dann vielleicht gar nicht so gut passen. Manche sind aus den Lieblingswelten anderer entliehen, manche stammen aus meiner eigenen. Betrachte sie einfach als Aufwärmübungen, als eine Art Sprungbrett. Sie geben dir die Gelegenheit herauszubekommen, woran du gerne weiterarbeiten möchtest – und was dich so begeistert, dass es dich gar nicht mehr loslässt.

LOS GEHT'S

Nichts geschieht, ohne dass ein Traum vorausgeht.
Carl Sandburg

GLEICH IST ES SO WEIT...

und du wirst einen der tollsten Orte überhaupt betreten. Es ist ein Ort, an dem alles passieren kann. Alles, was du willst. Und es ist ein Ort, an dem Großes geschaffen wird. Zuerst müssen wir Ideen aus den tiefsten Tiefen deiner Fantasie heraufbeschwören. Diese Ideen sind schon da, sie warten nur auf dich. Wahrscheinlich sind sie schon seit deiner frühen Kindheit da. Vielleicht hast du sie vergessen, aber das macht nichts. Man kann sie leicht wieder an die Oberfläche holen. Entspann dich. Setz dich bequem irgendwo hin. Atme ein paarmal tief ein. Schalte alles ab und lass dich durch nichts ablenken. Verscheuche sämtliche Gedanken aus deinem Kopf. Leg einen Stift bereit.

Fang mit einer kleinen Ecke deiner Welt an. Aus dieser Ecke wird Großes entstehen. Denk an einen Ort oder einen Raum, den du sehr gerne magst. Das kann ein Ort sein, an dem du schon einmal gewesen bist, oder auch einer, von dem du nur ein Foto gesehen hast. Es sollte ein Ort sein, der dich mehr als andere berührt; dir sollte fast ein bisschen schwindelig werden, wenn du an ihn denkst. Du erkennst, dass es der richtige ist, wenn du ihn dir vorstellst und dabei einen kleinen Energieschub verspürst.

Versetz dich in Gedanken dorthin. Ist es ein Gebäude? Ein Platz in der Natur? Beschreibe, was du siehst. Geh näher ran. Wenn es ein Gebäude ist, aus welchen Materialien wurde es gebaut? Wie riecht es dort? Was für Geräusche sind zu hören? Betrete den Ort. Schau dir beim Herumlaufen alle Einzelheiten ganz genau an. Noch genauer. Wie fühlt sich das an? Was möchtest du dort gerne machen?

Wie du diesen Ort erlebst, ist ganz individuell; er spricht dich an, weil er irgendwie einen Teil deiner selbst verkörpert. Hat der Ort einen Namen? Wenn nicht, gib ihm einen. Er gehört jetzt dir.

Mach noch etwas, um diesen Ort zu deinem eigenen zu machen – schmücke ihn (mit einem Foto, mit Blumen, einem Schild, auf dem der Name steht, einer Sammlung von Sachen, die du magst) oder stell etwas von dir hinein (Möbel, Bücher oder Kleidungsstücke). Wenn dir nicht einfällt, was, dann schau in der DATENBANK nach.

Beschreibe den Ort hier.

So beginnt der Raum,
nur mit Wörtern,
mit aufs weiße Papier
gebrachten Zeichen.
Georges Perec

Und jetzt verlass diesen Ort wieder. Was liegt draußen? Vielleicht eine Straße.

BESCHREIB DIE STRASSE

Vielleicht fällt es dir leichter, zuerst eine Straße aus dem Gedächtnis zu beschreiben, eine, wo du gerne bist. Gib der Straße einen Namen.

Geh die Straße ein Stück entlang. Rechts steht etwas, das wie ein Briefkasten aussieht. Ein Brief schaut ein Stückchen daraus hervor. Du ziehst ihn heraus und stellst überrascht fest, dass er an dich adressiert ist. Du machst ihn auf. Und liest:

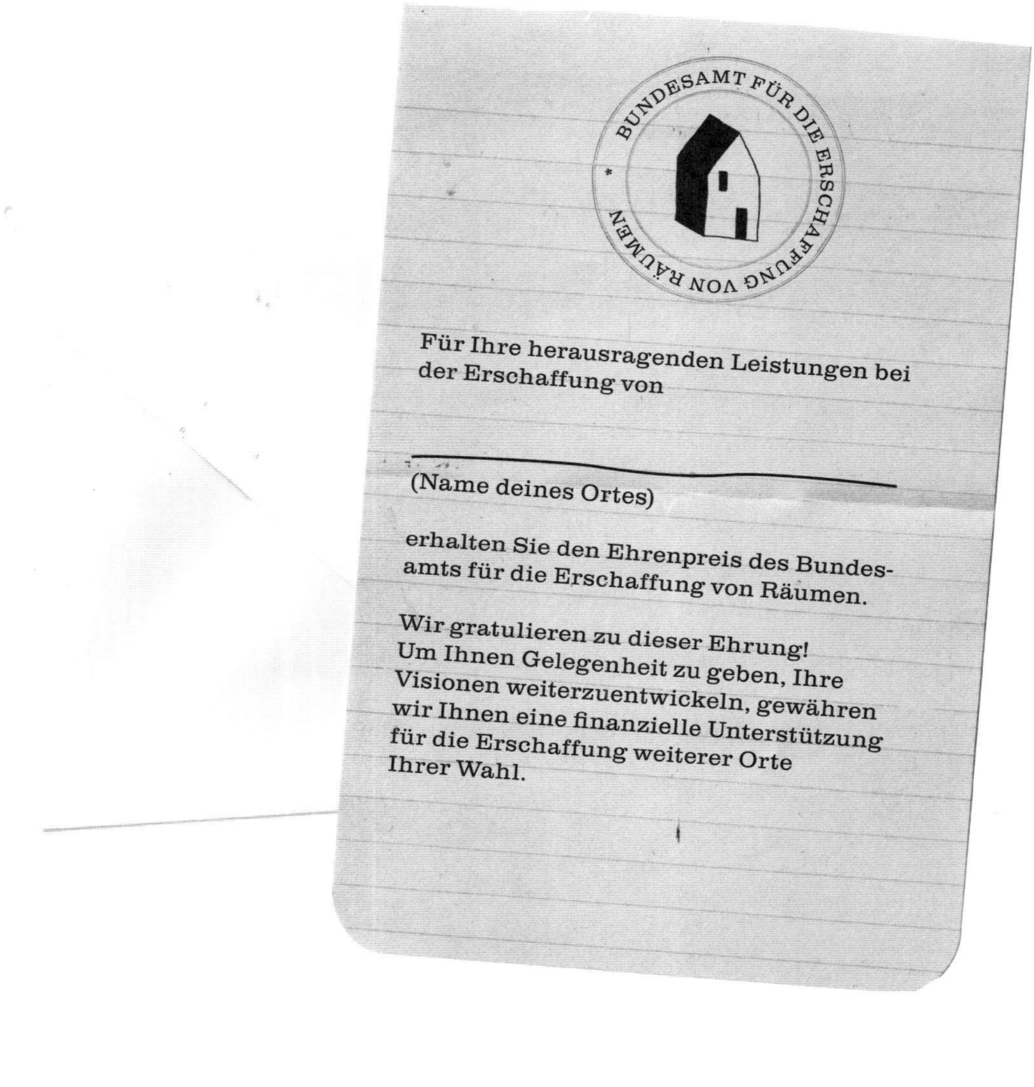
BUNDESAMT FÜR DIE ERSCHAFFUNG VON RÄUMEN

Für Ihre herausragenden Leistungen bei der Erschaffung von

____
(Name deines Ortes)

erhalten Sie den Ehrenpreis des Bundesamts für die Erschaffung von Räumen.

Wir gratulieren zu dieser Ehrung!
Um Ihnen Gelegenheit zu geben, Ihre Visionen weiterzuentwickeln, gewähren wir Ihnen eine finanzielle Unterstützung für die Erschaffung weiterer Orte Ihrer Wahl.

Wenn dir gefällt, was du geschaffen hast, nimm es als ersten Teil deiner Welt. Trag den Standort in die Karte ein (siehe Seite 14).

Wenn nicht, verwirf es und fang mit einer der Anleitungen auf den folgenden Seiten noch einmal von vorne an.

UND JETZT
BAUST DU
DEN REST
DEINER WELT:
STÜCK FÜR
STÜCK.

ENTWIRF EINE LANDSCHAFT

Nimm ein paar Bücher aus deiner Liste zur Hand. Überleg dir, in was für einer Landschaft deine Welt liegen soll. (Hier sind ein paar Ideen für den Anfang: auf einer Insel, im Kiez, auf dem Land, in einer Miniaturwelt, schwimmend, in der Wüste, im Wald, im Weltraum, unter der Erde, unter Wasser, auf einem anderen Planeten usw.) Du kannst auch viele verschiedene Umgebungen einbeziehen.

BESCHREIB DAS WETTER

Was für ein Klima herrscht in deiner Welt?
Gibt es dort auch Jahreszeiten?

Gegeben ist eine
Wand, was spielt
sich dahinter ab?

Jean Tardieu

BAU DIR EIN ZUHAUSE

Beschreibe deine Behausung in allen Einzelheiten. Aus welchen Materialien besteht sie? Wo liegt sie? Nimm als Ausgangspunkt den Ort, an dem du dich in der realen Welt am wohlsten fühlst. Lass keine Möglichkeit aus. Was ist der tollste Ort, den du je gesehen hast? Richte deine Wohnstätte ganz nach deinem Geschmack ein. Hier ein paar Ideen: Vielleicht lebst du gern nomadisch und hast eine temporäre Behausung, oder du wohnst in einem Baumhaus, einem Schloss oder auf einem Schiff. Geh es spielerisch an. Zeichne einen Grundriss (siehe Tipps auf Seite 142).

ZEICHNE EINE LANDKARTE

Die Landkarte ist die Grundlage deiner Welt und hält sie zusammen. Fang deine Karte auf der nächsten Doppelseite an und ergänze sie immer weiter, während du dich vorarbeitest. Fang mit deinem ersten Gebäude oder Ort an. Im Laufe der Zeit machst du dann immer wieder Änderungen und Ergänzungen. Um deine Welt zu erschaffen, kannst du auch die Kartenelemente auf Seite 145 ausschneiden und benutzen. Zeichne die Orte ein, die du bisher besucht hast, und auch alle Sehenswürdigkeiten und Attraktionen. Zeichne einfach drauflos, kümmer dich nicht darum, ob es gut aussieht. Oder mach eine Collage-Karte aus Papierschnipseln. Nebenan stehen ein paar Symbole, die du verwenden kannst, aber du kannst auch selbst welche erfinden.

Wenn du mehr Platz brauchst, hefte noch ein paar Seiten an oder zeichne deine Karte auf ein großes Stück Karton. Wenn du willst, nimm eine Karte deines Wohnviertels als Grundlage und wandle sie nach deinen Vorstellungen ab.

„Jede Landkarte ist ein Wegweiser, um das Wünschenswerte zu finden und das Gefährliche zu umschiffen."
Rebecca Solnit, Infinite City

„Eine Karte ist mehr als das (Punkte und Striche), sie verzeichnet nicht nur, sie erschließt und schafft Bedeutung, sie ist ein Brückenschlag zwischen hier und dort, zwischen scheinbar unvereinbaren Ideen, die wir nie zuvor im Zusammenhang gesehen haben."
Reif Larsen, Die Karte meiner Träume

KARTENSYMBOLE

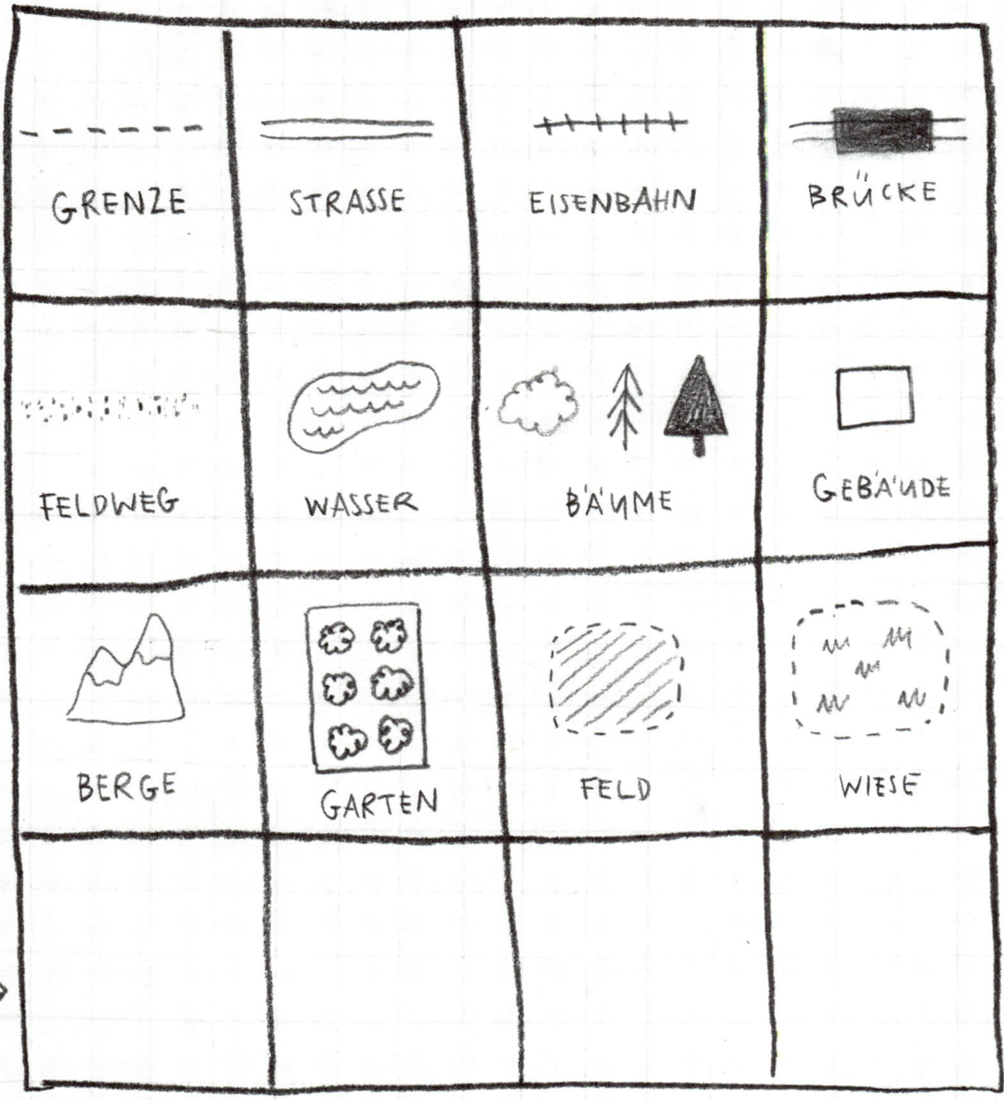

FÜGE NOCH EIN PAAR EIGENE HINZU

WEITERFORSCHEN:
SELTSAME/BESONDERE LANDKARTEN

BESTIMM DEINE ROLLE

Wer bist du in deiner Welt? Wer ist dein Alter Ego? Was machst du in deiner Welt? Schreib auf, was dir Spaß macht: Hobbys, Leidenschaften usw. Wenn du selbst in deiner Welt nicht vorkommen willst, mach weiter auf Seite 25.

Du solltest nie zögern, deine Kuh gegen eine Handvoll Zauberbohnen einzutauschen.
Tom Robbins

SCHREIB DIR EINEN LEBENSLAUF

Lass darin alles, was du gerne mal machen möchtest, so erscheinen, als wäre es schon geschehen. Wenn du je von großen Taten geträumt hast, dann kannst du jetzt davon berichten. Mach eine Liste von deinen Erfolgen, Talenten, Fertigkeiten, Leistungen und Auszeichnungen. Mach die Merkmale deiner Lieblingspersonen zu deinen eigenen. Wenn du magst, ergänze deinen Lebenslauf durch Bilder. Such nach Bildern, die das zeigen, was du gerne schaffen möchtest.

MACH EINE LISTE DEINER GEHEIMEN IDENTITÄTEN

Vielleicht willst du auch verschiedene Berufe oder Persönlichkeiten ausprobieren. Verwandle dich in was du willst.

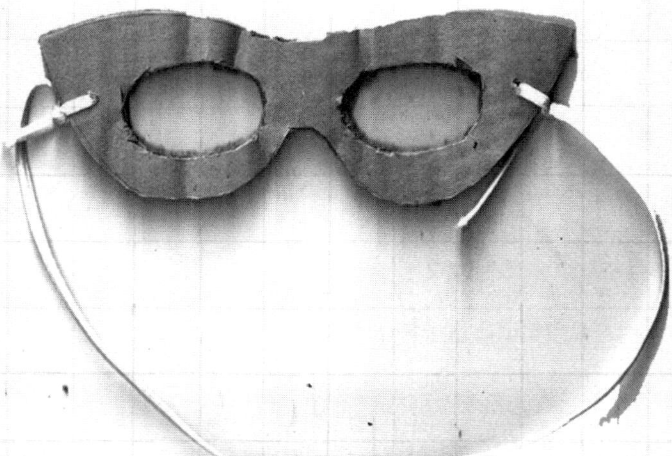

ERFINDE DIE FIGUREN

die in deiner Welt leben. Sind es Menschen, Tiere oder etwas anderes? Wo wohnen sie? Was machen sie? Wie heißen sie? Diese Figuren können ausgedacht sein, oder du kannst echte Menschen, die du bewunderst, in deine Welt einladen. Vielleicht deine Lieblingsfiguren aus Büchern. Welche Eigenschaften besitzen sie? Übernimm ein paar davon. Was begeistert sie? Wann sind sie besonders aktiv? Sind sie gerne in Gesellschaft oder Eigenbrötler? Oder sind sie womöglich sogar leblose Gegenstände, die nur dann lebendig werden, wenn du nicht hinschaust?

HAUCH DEINEN FIGUREN LEBEN EIN

Mach eine Liste ihrer täglichen Aktivitäten. Wo halten sie sich auf? Wovon träumen sie? Was für Gegenstände stellen die Leute in deiner Welt her? Mit was für Werkzeugen? Welche Materialien verwenden sie dafür, und wozu dienen diese Gegenstände? Wie überleben die Figuren, und wovon ernähren sie sich? Hol dir Ideen aus deiner DATENBANK.

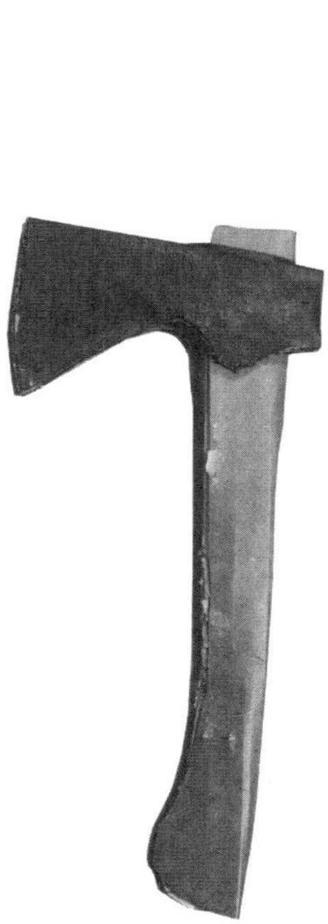

GIB DEINER WELT EINEN NAMEN

Durchforste dafür deine Lieblingsfilme und Lieblingsbücher aus der DATENBANK nach Ideen. Wenn du dich in der Bauphase nicht auf einen Namen festlegen willst, wähle vorübergehend eine allgemeine Bezeichnung, so etwas wie: Das Unbekanntland.

ENTWIRF DIE HAUPTZENTRALE DEINER WELT

Was für einen Raum stellst du dir dafür vor? Ist er leicht und verspielt oder ernst und beeindruckend? Permanent oder temporär (nomadisch)? Informiere dich über unterschiedliche Gebäude, um ein Gefühl dafür zu bekommen, wie sie errichtet werden.

ERFINDE EINE EIGENE WÄHRUNG

Du hast jetzt so viel Geld, wie du brauchst. Was machst du damit?

Auf Geldmünzen und -scheinen können Dinge aus unterschiedlichen Lebensbereichen abgebildet sein, etwa bedeutende Personen (Politiker, Königinnen, Menschenrechtler, Schriftsteller usw.) oder etwas aus der Natur des betreffenden Landes (Blätter, Tiere, Blumen) oder ein Ereignis (Sportveranstaltungen, Handwerksmessen usw.). Was magst du auf deiner Währung zeigen?

Erfinde dein eigenes Wirtschaftssystem. Stell Recherchen über alternative Wirtschaftssysteme an, um Inspiration für dein eigenes zu erhalten. Fallen dir neue tragbare Modelle für deine Welt ein?

FREIE REPUBLIK IRGENDWO

5
FREIE REPUBLIK
IRGENDWO
FÜNF WOLLAR
5

Real ist alles, was man sich vorstellen kann.
Pablo Picasso

BESCHWÖR DEINE ZAUBERKRAFT

(oder verleih sie deinen Figuren). Das könnten sein: Levitation, außersinnliche Wahrnehmung. Unsichtbarkeit usw. Wozu benutzt du (oder deine Figuren) diese Kräfte?

ERSCHAFFE DAS UNSICHTBARE

Was kann man in deiner Welt nicht sehen?
Bestimmte Personen? Bestimmte Orte?

GIB UNTERRICHT

Worin? Welche Fähigkeiten möchtest du mit anderen teilen, die sich auf deine Welt auswirken? Schreib einen Lehrplan. Wenn du deine eigene Schule erschaffen könntest, wie würde sie aussehen?

SCHREIB EIN PAAR BÜCHER

Mach eine Liste der Bücher, die du in deiner Welt geschrieben hast. Wovon handeln sie? Wie bringst du sie unter die Leute? Und wer liest sie?

RICHTE DIR EINEN BESONDEREN PLATZ FÜR DICH SELBST EIN

Einen geheimen Ort, wo du hingehst, wenn du allein sein möchtest. Beschreibe ihn. Ist es dort ruhig oder lebhaft? Dunkel oder hell? Vielleicht hat dein Platz etwas Besonderes – einen Felsen, einen besonderen Baum oder ein Gewässer. Gib dem Ort einen Namen. Wann gehst du dorthin? Zeichne ihn auf der Karte ein.

HIER SIND EIN PAAR BERGE

Wer wohnt in diesen Bergen? Wie heißt das Gebirge? Zeichne etwas drauf und markiere auf deiner Karte, wo sie liegen.

SO VERFASST MAN EIN MANIFEST

Ein Manifest ist ein Dokument, das du verfasst, um deine Ziele, Pläne und Träume zu erklären. Es umfasst meistens eine Seite und enthält eine Liste von Stichpunkten. Du solltest dein Manifest immer wieder lesen (damit du deine Vision nicht aus den Augen verlierst).

- Schreib auf, was dir wirklich wichtig ist. Wofür stehst du? Woran glaubst du?
- Welche deiner Talente und Ideen sollen der Welt zugutekommen?
- Welche großen Träume hast du für dein Leben/deine Gruppe/deine Organisation? Was möchtest du gern erreichen? Das können ernste oder auch absurde Ziele sein (wie du willst).
- Formuliere einen Plan. Mach dir Gedanken, wie du deine Ziele erreichen könntest.
- Recherchiere andere Manifeste und übernimm daraus einige Ideen, die dir gefallen.
- Deine Punkte können so einfach oder so komplex sein, wie du möchtest.
- Du kannst dein Manifest auch durch eine Liste von Ge- und Verboten ergänzen.

SCHREIB EIN MANIFEST

Welche Ideen, Gedanken oder Philosophien bestimmen deine Welt?

GIB DEINEM LAND VERHALTENSREGELN UND EINE VERFASSUNG

Mach eine Liste mit deinen Ideen für ein friedliches Zusammenleben und verfasse Gesetze und Prinzipien, die den Charakter, die Abläufe und die Einschränkungen deiner Welt definieren.

WIR, DIE EINWOHNER VON

______________________________,

TRAGBARES
MUSEUM

BAU EIN MUSEUM

Was wird im Museum deiner Welt gezeigt? Ist es groß oder klein? Ist sein Standort geheim oder allgemein bekannt? Benutze die DATENBANK als Inspiration. Vielleicht ist das Museum tragbar und wird in irgendeinem Fahrzeug durch die Gegend bewegt. Oder es ist unterirdisch.

Wir erfinden sie ... Die Welt, das Universum, das Leben, die Realität. Besonders die Realität.
Tom Robbins

ENTWIRF EIN LOGO / SYMBOL

Mach eine Flagge oder ein Abzeichen mit deinem Logo. Wenn dir kein Symbol dafür einfällt, konsultiere deine DATENBANK: Vielleicht dein Lieblingstier, etwas aus der Natur, ein Werkzeug, das du gerne benutzt, oder die Abbildung eines Einwohners deiner Welt. Du kannst alle Sachen, die du für deine Welt herstellst, mit diesem Logo versehen.

ENTWIRF DEIN OUTFIT

Was hast du in deiner Welt an? Stellst du deine Kleidung selbst her? Hast du eine Tasche? Was ist da drin? Welche Werkzeuge gibt es? Denk an alles, was du brauchst, um deine Welt zu jeder Jahreszeit zu erkunden.

DENK DIR EINE SPEISE-KARTE AUS
Welche Lebensmittel gibt es in deiner Welt? Was isst du? Schreib ein paar Rezepte auf.

MACH EINE LISTE

Ein Traum ist unerlässlich, wenn man die Zukunft gestalten will.
Victor Hugo

DEINER GEHEIMEN TRÄUME

Lass sie in deiner Welt wahr werden.

HIER IST EIN LADEN

für deine Welt. Was für Leute besitzen diesen Laden? Was verkaufen sie? Vielleicht ist es etwas, das in unserer Welt nicht zu haben ist. Oder es ist etwas, das nur bestimmte Menschen sehen können. Beschrifte diesen Laden, zeichne Dinge ein und markiere ihn auf der Karte.

> Die Geschichte wird freundlich mit mir umgehen, denn ich habe vor, sie zu schreiben.
> Winston Churchill

SCHREIB SELBST GESCHICHTE

Nimm als Ausgangspunkt eine historische Periode, die du interessant findest. Arbeite mit einer Zeitachse. Oder: Denk dir eine Schöpfungsgeschichte für deine Welt aus. Wie ist sie entstanden? Hat jemand sie entdeckt? Recherchiere die Schöpfungsgeschichten anderer Kulturen als unserer eigenen.

BASTLE HISTORISCHE FUNDSTÜCKE

Mach dich auf die Suche nach ein paar alten Sachen, die du interessant findest (mach ein Foto davon oder zeichne sie). Denk dir eine Geschichte dazu aus, die erzählt, wie diese Dinge in deine Welt gekommen sind. Das kann eine Uniform sein, ein Werkzeug, ein Gefäß (eine Schale oder Tasse) oder ein Möbelstück.

MACH EIN PAAR ERFINDUNGEN

für deine Welt. Wenn du willst, lass dir dabei vom **Ideengenerator** auf Seite 141 helfen und benutze die **Geräteteile** auf Seite 147.

Wenn jemand seine großen Stiefel anzieht, kannst du sicher sein, dass ein Abenteuer passieren wird.

A. A. Milne, Pu der Bär

BESCHREIB EIN IMAGINÄRES ABENTEUER

das du oder deine Figuren in deiner Welt erleben. Welche Orte möchtest du gerne mal besuchen/erkunden? Brauchst du für das Abenteuer irgendein Fahrzeug? Was entdeckst du unterwegs?

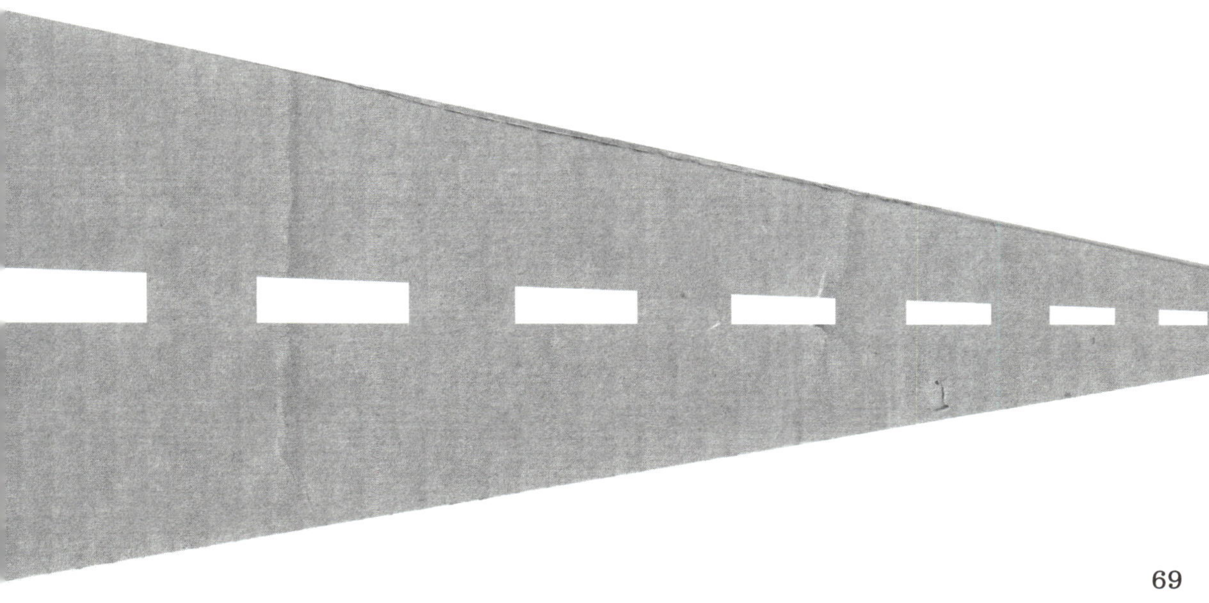

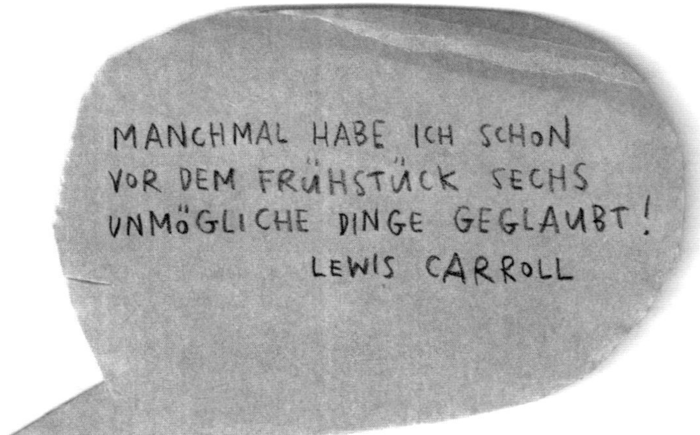
MANCHMAL HABE ICH SCHON
VOR DEM FRÜHSTÜCK SECHS
UNMÖGLICHE DINGE GEGLAUBT!
LEWIS CARROLL

BESCHREIB DEIN VERKEHRSSYTEM

Wie bewegt man sich in deiner Welt fort? Beschreib alle Transportmittel ganz genau. Wie funktionieren sie? Brauchen sie irgendeinen Kraftstoff?

HIER IST EIN BAUM

für deine Welt. Was, wenn sich im Innern dieses Baums eine ganze Welt verbirgt? Zeichne ein, was sich dort drinnen abspielen könnte. Oder auch draußen. Hat dieser Baum einen besonderen Zweck?

ERSTELL EIN WÖRTERBUCH

mit neuen Begriffen für deine Welt. Oder eine Enzyklopädie.

ENTWIRF EIN PLAKAT

DAS LEUTE DAZU EINLÄDT, DEINE WELT ZU BESUCHEN

Du kannst Staatsangehörigkeitsnachweise anbieten, wenn du willst. Ein Formular steht auf Seite 151.

ERFINDE
EINEN
NEUEN

für deine Welt. Hol dir die Idee dazu aus deiner DATENBANK.

PLANE FÜR EINE GRÖSSERE ZUKUNFT

Wenn deine Welt größer werden soll, wie sieht das Wachstum aus? Wie gehst du dabei mit den Ressourcen um? Fallen dir neue Möglichkeiten ein, deine Welt nachhaltig zu gestalten?

Wenn ich eine eigene Welt hätte, wäre alles Unsinn. Nichts wäre, was es ist, weil alles wäre, wie es nicht ist. Und umgekehrt ist es auch so: Was es ist, würde es nicht sein, und was es nicht sein würde, würde es sein.
Lewis Carroll

BAU EIN GEHEIMLABOR

Schaff dir einen Ort, an dem du neue Ideen für deine Welt entwickelst. Du kannst ihn auch zum Sammeln von Daten und für Experimente nutzen. Sammle Musterstücke und Materialien aus deiner Welt und beschrifte sie. Zeichne das Labor auf der Karte ein. Noch ein paar andere Ideen: Errichte ein Brainstorming-Labor, ein Forschungslabor, einen Bürgertreff usw.

FÜGE HIER PORTRÄTS BEDEUTENDER BÜRGER EIN

Du kannst vorhandene Fotos nehmen oder die
Bewohner deiner Welt zeichnen und sie beschreiben.

PLANE EINEN FESTUMZUG

Was gibt es zu feiern? Wie lautet das Motto? Wie sind die Teilnehmer gekleidet? Hol dir Ideen aus der DATENBANK.

KLEB HIER BILDER ODER FOTOS EIN

DIE AUS DEINER WELT STAMMEN KÖNNTEN.

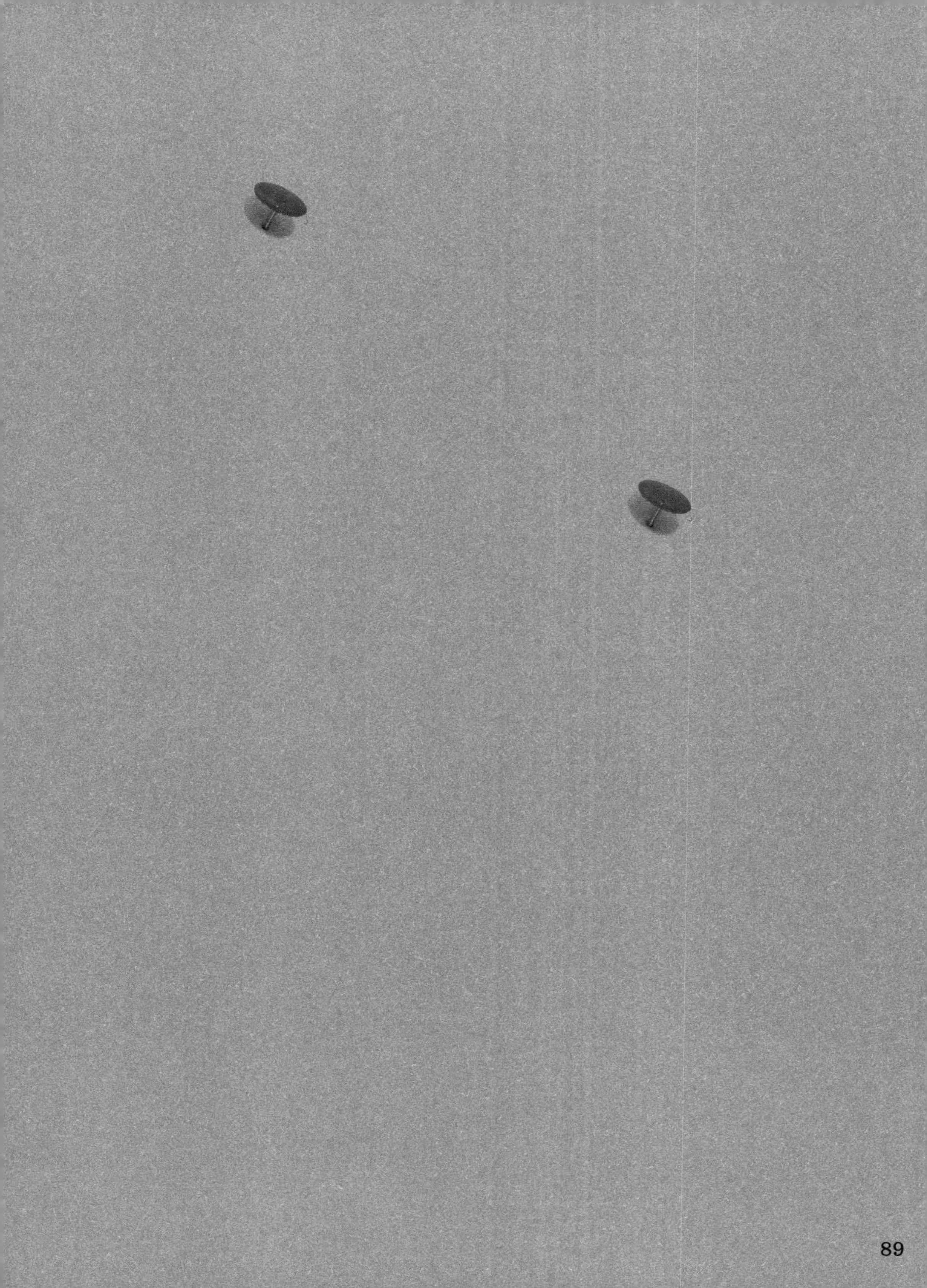

Vorstellungskraft ist alles. Es ist die Vorschau auf die kommenden Attraktionen des Lebens.
Albert Einstein

SCHAFF EINEN VERSAMMLUNGSORT

für die Bewohner deiner Welt.

Das Leben ist nicht das, was man gelebt hat, sondern das, woran man sich erinnert und wie man sich daran erinnert.
Gabriel García Márquez

DENK DIR EINEN RAUM DER ERINNERUNG AUS

Hier ein paar Ideen: Pflanz dort deinen Lieblingsbaum, den, in dem du als Kind immer gespielt hast. Bau das Haus deiner Oma nach oder einen Teil davon. Richte ein Zimmer so ein, dass es an etwas erinnert, was du als Kind besonders gerne gemacht hast. Hol dir Ideen aus der DATENBANK.

LEG EINEN PARK AN

der von einer Idee aus deiner
DATENBANK inspiriert ist.

UNTERNIMM EINE NACHTWANDERUNG

Was passiert auf deiner Welt, wenn es dunkel ist? Mach eine Liste von nächtlichen Ereignissen. Was lauert in den dunklen Ecken?

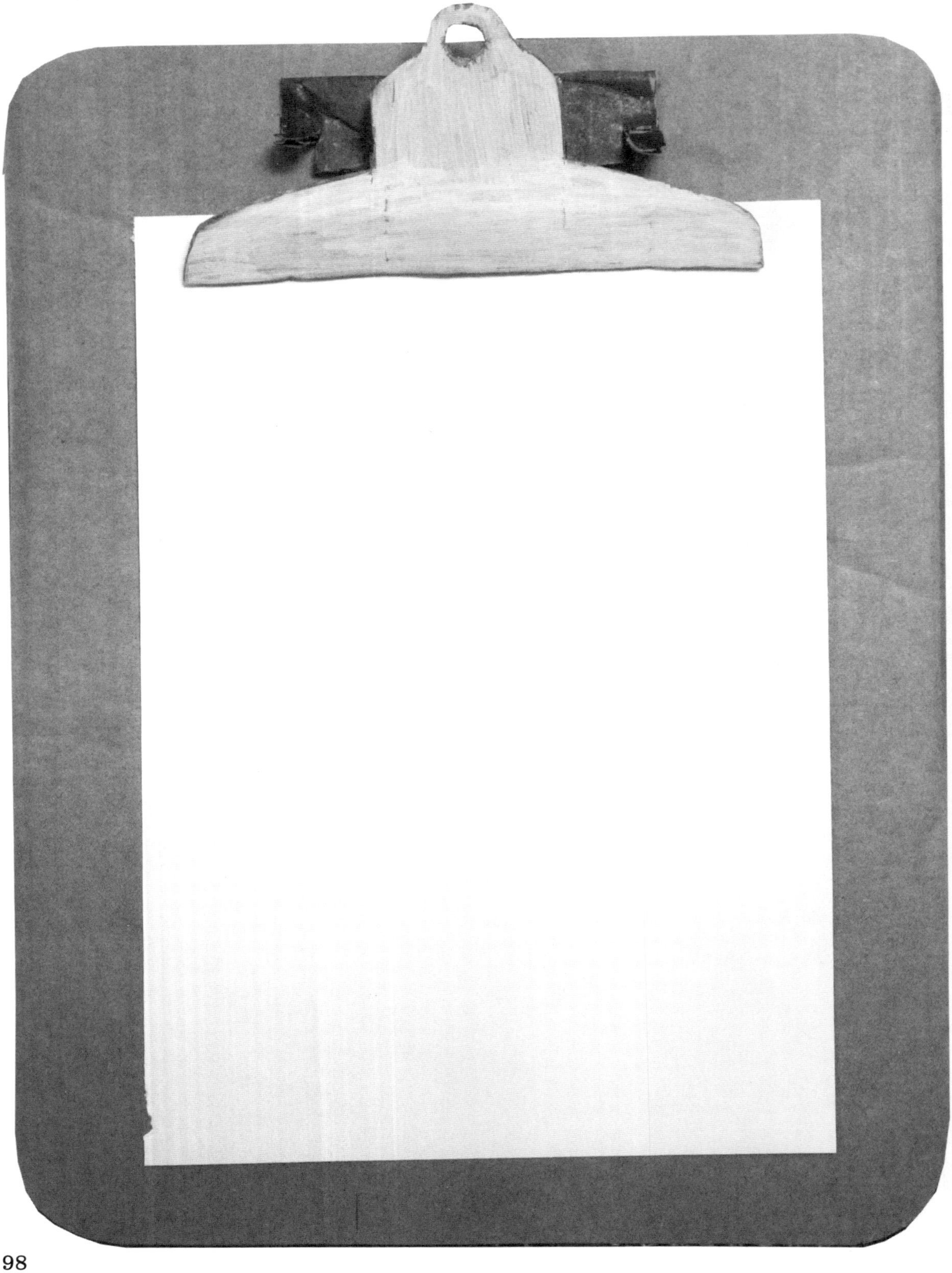

BESCHREIBE DIE UNTERNEHMEN IN DEINER WELT

Was verkaufen sie? Wie kommt man hin? Was tragen sie zu deiner Welt bei?
Zeichne sie in deine Karte ein.

Literatur ist wie ein Spinnennetz, vielleicht nur ganz lose, aber dennoch an allen vier Ecken mit dem Leben verknüpft.
Virginia Woolf

LASS EINEN TEIL DEINER WELT SO AUSSEHEN WIE DEINEN LIEBLINGSROMAN ODER -FILM

Das muss nicht eins zu eins passieren. Ein paar Ideen: Richte einen Laden so ein, wie er in einem Film vorkommt. Verwende eine bestimmte Farbe, die in dem Buch eine Rolle spielt, für die Gestaltung eines Raums. Lad ein paar Romanfiguren in deine Welt ein. Entwirf ein Stadtviertel nach dem Vorbild eines Viertels, das du im Film gesehen hast.

SCHREIB
EINEN
REISEFÜHRER
Verfasse einen Wegweiser, mit dem sich Besucher in deiner Welt zurechtfinden können. Erwähne darin alles Sehenswerte.

FINDE EINEN SOUNDTRACK

für deine Welt. Welche Musik würde gut passen, wenn du durch die Gegend läufst? Wähl Stücke aus, die das Lebensgefühl deiner Welt zum Ausdruck bringen.

ENTWIRF EINEN KONZEPTIONELLEN RAUM

(also einen Raum, der auf einem einfachen Gedanken oder Konzept basiert). Einige Ideen dazu: ein Bereich, wo sich jeder verirrt, ein Raum, in dem alles die gleiche Farbe hat, ein Bereich, wo alles schwimmt, eine Stelle, wo die Leute hingehen, um zu träumen.

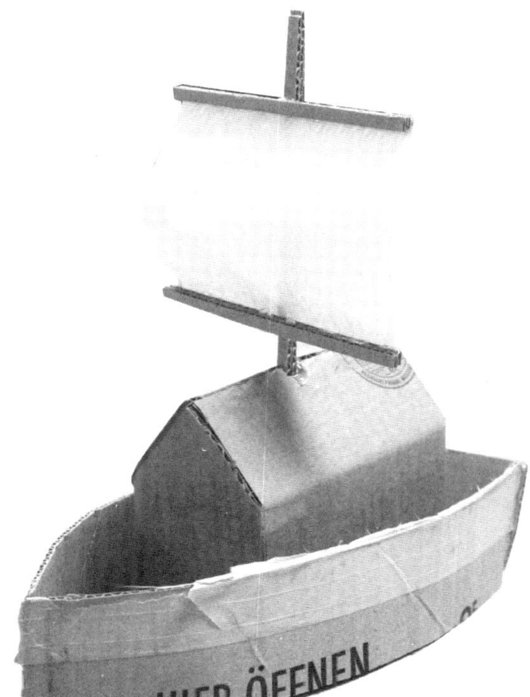
HIER ÖFFNEN

VERÄNDERE TEILE DER REALEN WELT

Mach einen Spaziergang an deinem Wohnort. Fotografiere unterwegs Gebäude oder Objekte, die dir interessant erscheinen. Binde sie in deine imaginäre Welt ein. Erfinde eine Geschichte über diese Umgestaltung. Oder: Such dir etwas aus der realen Welt, das dir nicht gefällt, und verändere es in etwas Besseres.

ENTDECKE EIN UNERFORSCHTES GEBIET

Gibt es in deiner Welt einen Teil, den du noch nicht erkundet hast? (Markiere ihn auf der Karte.) Was gibt es dort? Ist es ein unheimlicher Ort? Steckt er voller Geheimnisse?

GRÜNDE EINE ORGANISATION

Das kann eine politische Partei sein, ein Geheimbund oder Ähnliches. Denk dir einen Namen dafür aus und entwirf ein Logo. Wofür steht die Organisation? Zeichne ihr Büro auf der Karte ein.

ERSTELLE EIN DIAGRAMM EINES TAGES

das deine Aktivitäten oder die Aktivitäten einer deiner Figuren darstellt. Womit verbringst du in deiner Welt deine Zeit?

KATALOGISIERE DEINE WELT

Verfasse Lexikon-Einträge über alle unterschiedlichen Bereiche deiner Welt.

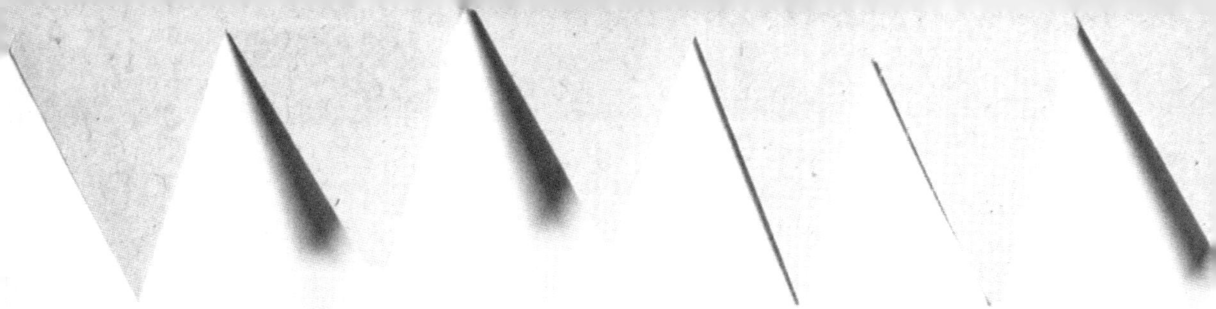

RICHTE EINEN ORT EIN, DER EINZIG UND ALLEIN ZUM SPIELEN DIENT

Wie sieht es dort aus? Ist es eine Festung?
Ein Netz? Ein Baumhaus?

ENTWIRF EINEN WINKEL FÜR ETWAS, WAS DU SEHR GERNE MACHST

Wenn du zum Beispiel gerne liest, richte überall Leseecken ein. Mach eine Liste von Dingen, die du dort aufbewahren würdest. Zeichne den Bereich auf der Karte ein.

MACH EINE ZEITKAPSEL

mit Sachen aus deiner Welt. Pack Briefe der Bewohner hinein, Fotos, Zeichnungen, Geräusche, Werkzeuge, moderne technische Geräte usw. Überleg dir, was du künftigen Generationen hinterlassen willst. Was sagen die Gegenstände über die derzeitigen Weltbewohner aus?

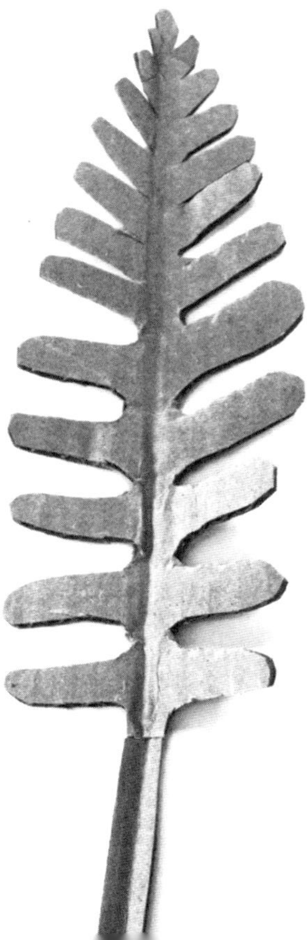

DOKUMENTIERE DIE PFLANZEN-WELT

Beschreib ein paar der Pflanzen und Bäume.

BESCHREIB DIE VERSCHIEDENEN TIERARTEN

die in deiner Welt vorkommen.

HIER IST EINE INSEL

für deine Welt. Auf dieser Insel geschehen seltsame Dinge. Welche? Zeichne oder beschreibe sie und markiere die Insel auf deiner Karte.

BAU EIN DENKMAL

Es sollte um etwas gehen, das dir wichtig ist, zum Beispiel eine Person, ein Anliegen, ein geschichtliches Ereignis, ein religiöser Glaube oder ein Ritual. Wie sieht es aus? Verzeichne es auf der Karte.

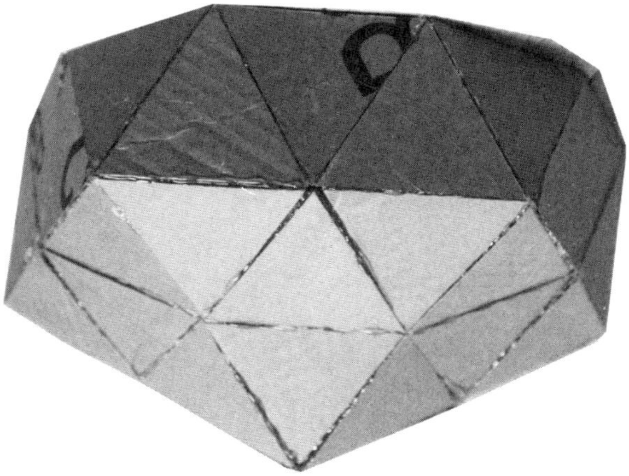

KONSTRUIERE ETWAS

AUS DEINEM LIEBLINGSMATERIAL

Einige Vorschläge: Turm, Hütte, Brücke. Wähle eines deiner Lieblingsmaterialien aus der Liste. Fertige eine Skizze deines Bauwerks oder Gebildes an, aber keine dreidimensionale Version (es sei denn, du willst unbedingt). Bestimme den Zweck des Werks. Berücksichtige die besonderen Eigenschaften deines Materials. Wenn dein Lieblingsmaterial Wolle ist, dann könnte es etwas Gestricktes sein. Lass dir ein paar ungewöhnliche Dinge einfallen, die in unserer Welt normalerweise nicht vorkommen, wie etwa schwebende oder hängende Häuser. Such einen Platz dafür in deiner Welt aus und zeichne es auf der Karte ein.

Die Fähigkeit zu „fantasieren" ist die Fähigkeit zu überleben. Das ist ein tolles Thema, über das ich gerne spreche, denn es haben sich schon viele fehlgeleitete Leute damit beschäftigt ... Diese sogenannten Realisten wollen uns verrückt machen, aber ich lasse mich nicht verrückt machen ... Durch das Fantasieren überleben wir. Wird es uns genommen, dann geht die gesamte Menschheit vor die Hunde.
Ray Bradbury

NOCH EIN PAAR WERKZEUGE

ZUM ERSCHAFFEN DER WELT

BRAINSTORMING: METHODEN

Brainstorming und *Mindmaps* sind bei der Welterschaffung sehr hilfreich. Das Geheimnis liegt darin, sehr schnell Ideen zu sammeln und so viele wie möglich aufzuschreiben. Die Schnelligkeit ist ein Vorteil, weil deine kritische innere Stimme dann keine Zeit hat, einzugreifen. Die Menge ist wichtig, weil aus den vielen Ideen ein paar herausstechen werden – und das sind diejenigen, die du verfolgen solltest. Eine gute Methode sind Netzdiagramme, bei denen Ideen netzartig mit einem Hauptthema verbunden werden. Das Hauptthema ist in diesem Fall deine Welt (schreib ihren Namen, falls sie einen hat, in die Mitte des Blattes). Dann fügst du ein paar Unterthemen hinzu – als „Äste",die vom Hauptthema abgehen. Das kann das Klima sein, die Natur, Gebäude, Organisationen, Einwohner, Literatur, Philosophie, Verkehr, Geschichte, Einrichtungen usw. Von jedem Thema können dann weitere abzweigen, und du kannst die Themen auch untereinander verbinden, wenn du willst. Wenn du lieber visuelle Notizen magst, dann füg in das Diagramm einfache Zeichnungen ein oder mal es farbig aus.

Zerbrich dir den Kopf über die Probleme, vor denen wir in der echten Welt derzeit stehen. Wie könnte man sie lösen? Wie kannst du ein spielerisches Element einbauen?

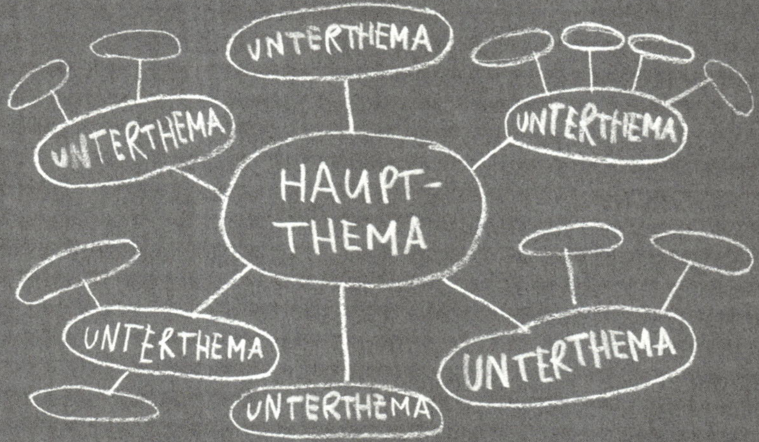

TIPPS FÜRS BRAINSTORMEN

NICHT WERTEN

Zensiere deine Ideen nicht. Schreib auf, was dir in den Sinn kommt, selbst wenn du glaubst, dass es nicht besonders toll ist.

VERRÜCKT SEIN

Trau dich was. Denk dir Sachen aus, die du nie für möglich gehalten hättest. Das sind die interessantesten. Träumst du vielleicht von fliegenden Schiffen? Schreib es auf.

QUANTITÄT GEHT ÜBER QUALITÄT

Schreib so viele Ideen auf wie möglich. Wegstreichen kannst du sie später immer noch.

BAU AUF DEN IDEEN VON ANDEREN AUF

Verwende Gedanken aus deinen Lieblingsbüchern oder -filmen. Wandle sie leicht ab. Mach sie größer. Mach sie kleiner. Ändere die Farbe. Ändere die Namen.

WAS WÜRDE ____ MACHEN?

Trag deinen Lieblingsautor, Filmemacher, Designer, Lehrer etc. hier ein.

WENN DU NICHT WEITERKOMMST, MACH EINE PAUSE

Mach eine Weile was anderes und versuch's dann noch mal.

FAKTOR ZUFALL

Wenn du dich nicht entscheiden kannst, was es in deiner Welt noch so alles geben soll, können dir diese Kärtchen die Entscheidung erleichtern. Es ist auch interessant, einige Teile deiner Welt einfach nach dem Zufallsprinzip zu bauen: Schneid die Rechtecke aus und leg sie in einen Hut oder eine Schale. Zieh eins heraus, füg das entsprechende Teil in deine Welt ein und markiere es auf der Karte. In die freien Rechtecke schreibst du weitere Dinge, ganz nach deinem Geschmack.

TOLLE SACHEN FÜR DEINE WELT

- verborgene Labyrinthe, Geheimtüren, Tunnel, Portale, möblierte Höhlen, Gärten, geheime Schlupfwinkel, Baumhäuser, Rutschen, hängende Gebilde, Geheimbibliotheken, Unterwasserlabore, Treppen, Nischen, dunkle Ecken

- verrückte Schiffe, Fahrzeuge, Maschinen und Fahrräder

- Roboter, fliegende Menschen, Superhelden, sprechende Bäume

- sieh auch noch mal in deiner DATENBANK nach!

Fluss	Wüste	Wald	Acker
Insel	Park	Dorf	Bibliothek
Flughafen	Berge	Haus	Höhle
Ozean	Jurte	Postamt	Tunnel
Person	Restaurant	schwarzes Loch	Markt

IDEENGENERATOR

Benutze ihn zum Entwerfen neuer Bauwerke, Fahrzeuge, Erfindungen oder Geräte.

SO GEHT'S:

Mach eine Liste von Sachen, die du gern in deiner Welt hättest. Bauwerke (Haus, Tipi, Laden, Jurte, Brücke, Bienenstock), Fahrzeuge (Schiff, Bus, Auto, Motorrad, Flugzeug) oder Gegenstände des täglichen Lebens (Telefon, Fahrrad, Musikanlage).

Mach eine zweite Liste mit Materialien (Ziegelsteine, Schläuche, Holz, Seile, Wolle). Dies kann auch eine Liste mit Sachen aus der Natur sein, wenn dir das lieber ist.

Mach eine dritte Liste von Tätigkeitswörtern (fliegen, schweben, schwimmen, bewegen, blitzen, springen, verschwinden, sinken, blühen, wachsen, sprechen).

Wähle dann jeweils einen Eintrag aus jeder Liste aus und kombiniere sie miteinander, um auf interessante neue Dinge zu kommen. Zum Beispiel: ein schwimmendes Tipi aus Schläuchen. Wenn du darauf keine Lust hast, dann versuch's einfach noch mal.

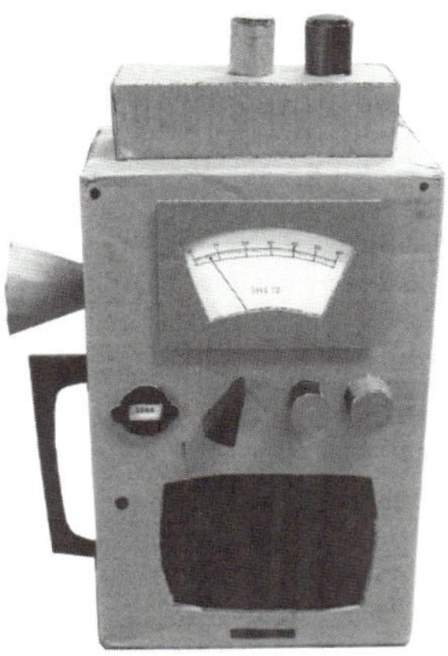

SO MACHT MAN EINEN GRUNDRISS

Dein Grundriss braucht nicht maßstabgetreu zu sein, er soll nur ungefähr stimmen. Fang mit der Grundform an, dem Umriss des Bauwerks. Verwende die folgende Legende, um das Grundmuster anzulegen. Überleg dir eine eigene Legende mit noch mehr interessanten Einrichtungsgegenständen!

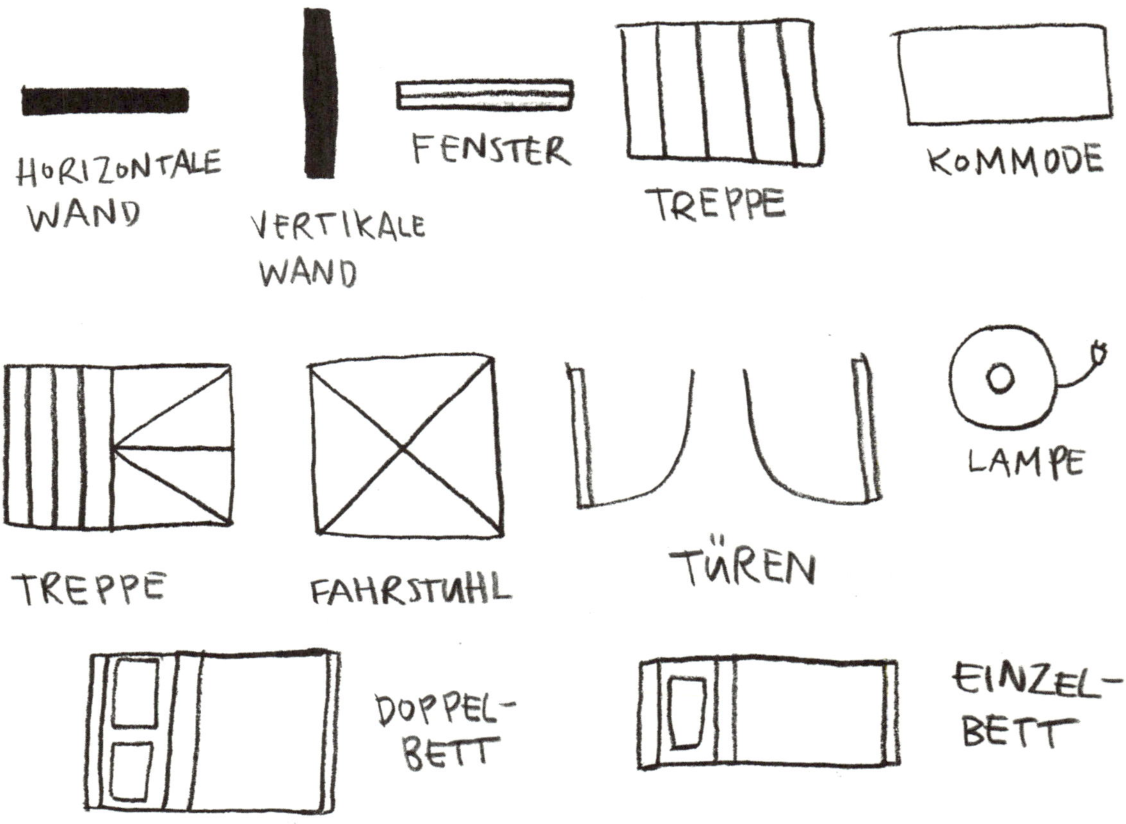

COUCH
BEISTELL-TISCH
COUCH-TISCH
KÜHLSCHRANK
TEPPICH
SESSEL
RUNDER TEPPICH
BADEWANNE
HOLZOFEN
PFLANZE
BÜCHERREGAL
TOILETTE
TISCH
STUHL
RUNDER TISCH
DUSCHE
WASCH-BECKEN
DOPPEL-WASCHBECKEN
HERD
RUNDES WASCHBECKEN

KARTENELEMENTE

Benutze diese Zeichnungen als Inspiration für deine Karte. Du kannst sie auch ausschneiden und direkt aufkleben, wenn du willst. Es erleichtert den Start, einfach mal irgendetwas hinzulegen, nach und nach Sachen hinzuzufügen und dann weiterzusehen.

GERÄTETEILE

Verwende diese Teile, um die Geräte in deiner Welt (egal, ob du sie gezeichnet oder dreidimensional mit Karton gebastelt hast) möglichst echt aussehen zu lassen.

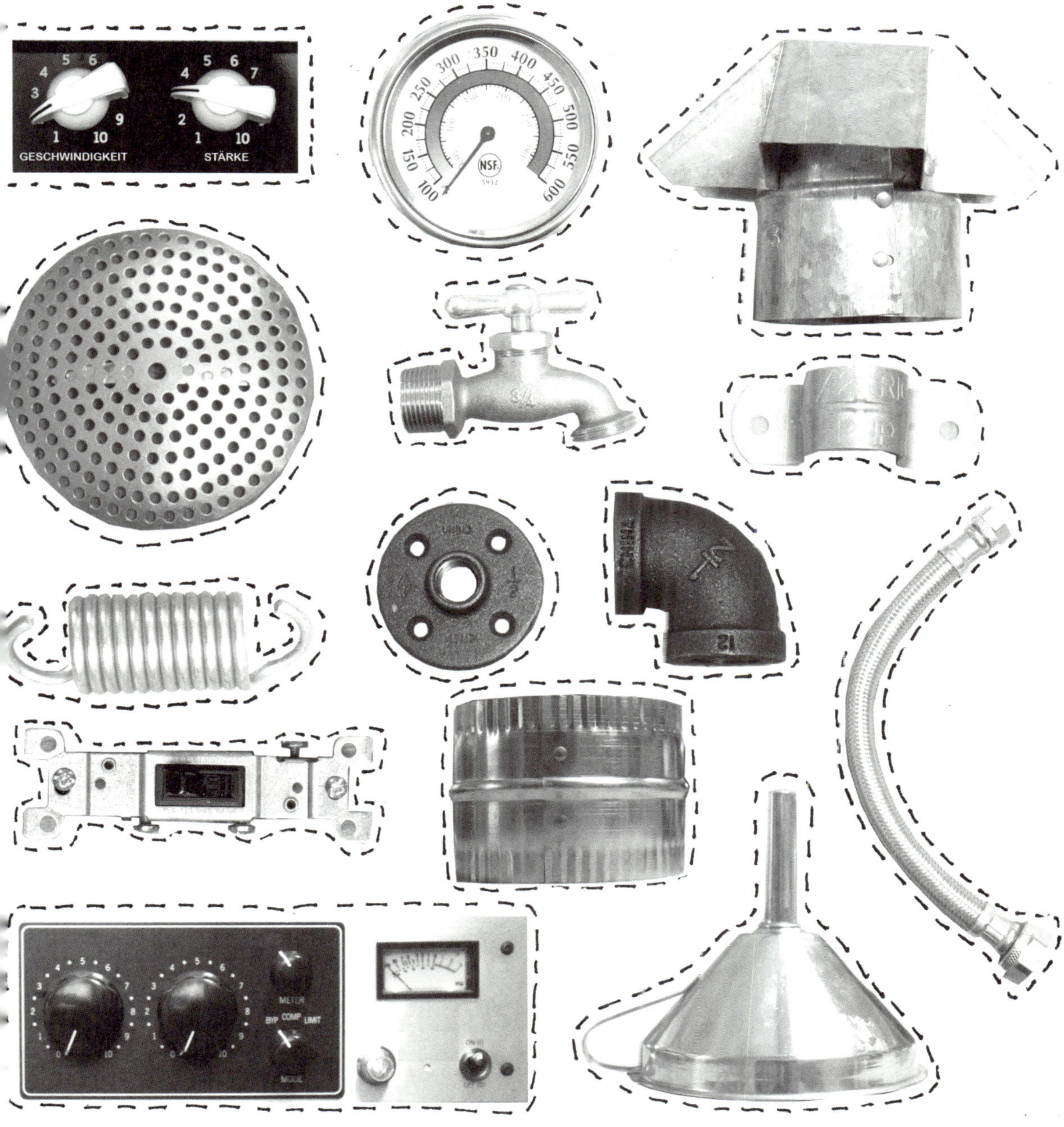

BAUWERKE

Hier sind ein paar einfache Bauwerke zum Verschönern oder zum Brainstormen. Welches entspricht dir am meisten? Wodurch könnten die Häuser zu deinem Zuhause werden?

STAATSANGEHÖRIGKEITS-NACHWEIS

Benutze dieses Formular, um einen Staatsangehörigkeitsnachweis zu erstellen. Welche Kriterien müssen erfüllt werden, um Bürger deiner Welt zu werden? Welchen Beitrag müssen die Bürger deiner Welt leisten? Ergänze das Formular nach deinen Vorstellungen. Solche Dokumente tragen oft ein Siegel mit einem bestimmten Logo, das die Echtheit des Papiers beweist. Verwende für dein Siegel das Logo, das du für deine Welt entworfen hast. Lad andere Leute ein, Bürger zu werden.

NR. ____________

STAATSANGEHÖRIGKEITSNACHWEIS

Hiermit wird bestätigt, dass

____

(UNTERSCHRIFT DES NEUEN STAATSBÜRGERS)

offizieller Bürger von

____

(NAME DER WELT)

ist.

GEBURTSDATUM: ______________________

GESCHLECHT: ____________ FAMILIENSTAND: ________

FRÜHERE STAATSANGEHÖRIGKEIT: ____________

DATUM UND JAHR: ______________________

____

AMTLICHE UNTERSCHRIFT

WAS DU MIT DEINER WELT MACHEN KANNST

Nun hast du deine eigene Welt (oder zumindest Teile davon) erschaffen, jetzt möchtest du sie vielleicht auf eine andere Ebene heben oder sie als Grundlage für ein weiteres Projekt benutzen.

*

Hier ist eine Liste von Projekten, für die du deine Welt verwenden kannst: Geschichte, Roman, Drehbuch, politische Initiative, Kunstwerk, Skulptur, Installation, Song, Diorama, Film, Comic, Videospiel, Wissenschaft und Technik, Bildung, Business, Politik usw.

Ein paar Aktivitäten zum Herumspielen

- Mach eine Skulptur von etwas, das es in deiner Welt gibt (zum Beispiel von einem der Bauwerke).
- Bastle ein Modell, das dein Lieblingsoutfit trägt.
- Stell eine Kopie deiner Landkarte her, aber in einem anderen Medium (als Stickbild, Gemälde o.ä.)
- Stell etwas her, das es in deiner Welt geben könnte: ein Gemälde, eine Stickerei, ein Kostüm, Fotos von Einwohnern (basierend auf Leuten, die du in der echten Welt kennst) usw.
- Dreh einen Kurzfilm, der in deiner Welt spielt.
- Mach eine Installation (oder eine Website) mit allen Sachen, die du für deine Welt hergestellt hast und die auch eine genaue Beschreibung der Welt enthält. Mach ein Land-Art–Kunstwerk auf Grundlage deiner Welt. (Recherchiere und schau dir andere Beispiele von Land Art an.)
- Such dir jemanden, mit dem du zusammenarbeiten kannst. Entwerft gemeinsam eine Welt. Wechselt euch beim Ausstaffieren ab.
- Wenn du rausgehst, tu so, als wäre deine Welt echt. Hör dir deinen Soundtrack (Seite 105) über Kopfhörer an – mit Musik kommt einem die Welt oft ganz anders vor. Halt Ausschau nach Plätzen und Sachen, die auch zu deiner Welt gehören könnten, zum Beispiel besondere Bäume, eine Straße oder eine Statue.
- Stell Guerilla-Kunstwerke auf der Basis deiner Welt her und platziere sie in der Öffentlichkeit (zum Beispiel: ein geheimes Postsystem mit winzigen Briefkästen; dein Plakat von Seite 77, das Leute in deine Welt einlädt; ein kleines Tor, das in deine Welt führt).
- Entwirf einen Glücksbringer (ein Amulett, eine Karte, ein T-Shirt) aus deiner Welt (verwende dazu dein Logo von Seite 53), den du immer bei dir hast oder anhast, wenn du rausgehst.
- Tu so, als wärst du eine Figur aus deiner Welt. Begib dich als diese Figur auf ein Abenteuer (was würde die Figur machen?).

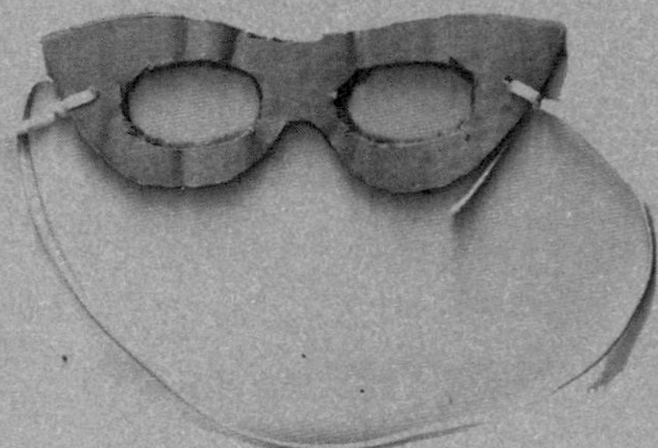

SO ARBEITEST DU MIT PAPPE

UM TEILE DEINER WELT IN 3D ZU BAUEN!

AUS PAPPE LÄSST SICH FAST ALLES BASTELN – GIBT'S ÜBERALL UND KOSTET NICHTS!

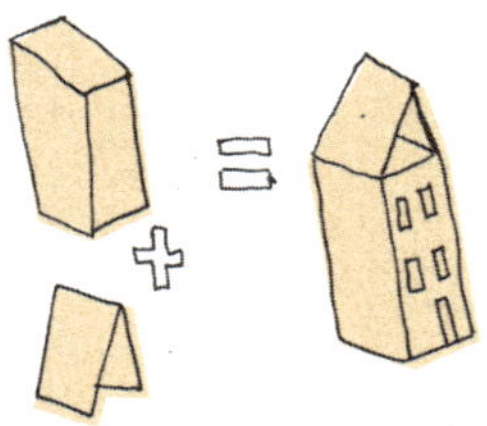

DIE EXPRESS-METHODE

Such dir Kartons in der richtigen Größe und setze sie zur gewünschten Form zusammen.

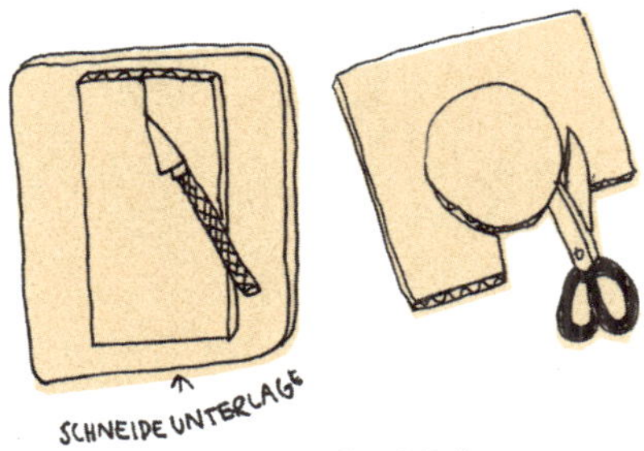

AUSSCHNEIDEN

Wenn die Pappe dünn und die Form einfach ist, reicht eine Schere. Für Wellpappe eignet sich am besten ein Cutter. Den nur mit Unterlage verwenden und gut auf deine Finger aufpassen!

FALTEN

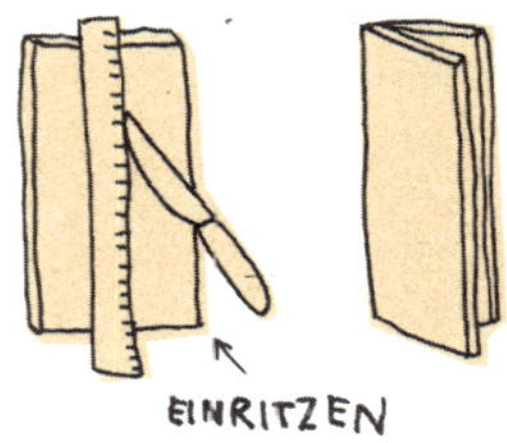

Mit einem stumpfen Werkzeug (einem Messer oder einem Falzbein) zuerst die Faltlinie einritzen. Am besten mit Lineal arbeiten, damit sie gerade wird. Dann entlang der Linie falten.

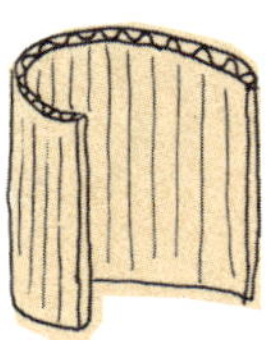

ROLLEN

Roll die Pappe parallel zu den Furchen.

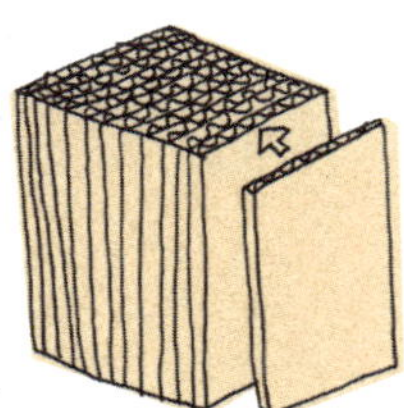

SCHICHTEN

Kleb mehrere Stücke Pappe zusammen, um solide Blöcke oder ein stabileres Arbeitsmaterial zu erhalten.

VERZAHNEN

Das ist eine gute Methode, um Gebilde herzustellen, die stehen sollen oder ein bisschen Gewicht tragen können.

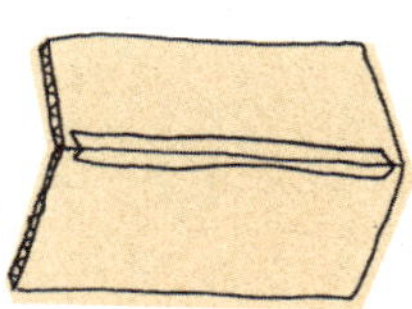

ZUSAMMENKLEBEN

Geht am besten mit einer Heißklebepistole. Kleb die Teile an den Kanten zusammen.

LISTE VON VARIABLEN

BENUTZE DIESE LISTE ALS INSPIRATION

MACH EINE EIGENE LISTE

SACHEN ZUM HERUMEXPERIMENTIERE

STIMMUNG/ENERGIE
MASSSTAB
MIKRO/MAKRO
FORM
TEMPRAMENT
FARBE
GESCHICHTE
MUSTER
PHILOSOPHIE
BILDUNG
POLITIK
KULTUR
GESELLSCHAFT
LAYOUT

VARIABLEN

BEWEGUNG
SPRINGEN
SCHWEBEN
FLIEGEN
SEGELN
FALLEN
SCHAUKELN
TANZEN
ZOOMEN
FLIPPEN
KIPPEN
KRIECHEN
SINKEN
SCHLEICHEN
RASEN

KLIMA
TROPISCH
GEMÄSSIGT
POLAR
FEUCHT
TROCKEN

GEOGRAFIE
EIS/ARKTIS
WÜSTE
GEBIRGE
OZEAN

BAUWERKE

HAFEN
AREN
PORTAL
RAUM
HALTESTELLE
MARKT
BANK
SILO
CAFÉ
BAR
HOTEL
SCHUPPEN
SCHEUNE
BAUERNHAUS
GEWÄCHSHAUS
HEUBODEN
STALL
WINDMÜHLE
WASSERMÜHLE
PUB
MALL
LADEN
LAGERHALLE
HAUS
APARTMENT
VILLA
FLIEGENDES HAUS
BADEANSTALT
HÖHLE
MINIHAUS
FLUGHAFEN
BUNGALOW
SCHLOSS
YAODONG
CHALET
HÜTTE
SCHLAFSAAL
DOMUS
ERDHAUS
GÄSTEHAUS
KRANKENHAUS
BLOCKHAUS
LANGHAUS
KLOSTER
PARLAMENTSGEBÄUDE
RUNDHAUS
GRASSODENHAUS
BAUMHAUS
GASTHAUS
HÜTTE
POSTAMT
ERDLOCH
BÜCHEREI
RATHAUS
KONSULAT
GERICHT
STRANDHÜTTE
GALERIE
FEUERWEHRHAUS
IGLU
MUSEUM
KINO
POLIZEIREVIER
PAGODE
TEMPEL
BAHNHOF
FESTUNG
WOHNWAGEN
BOOT
ZELT
GOATHI
KOHTE
LAVVU
TIPI
PANDAL
JURTE
SCHULE
UNIVERSITÄT
THEATER
KIRCHE
MOSCHEE
BRÜCKE
WERKSTATT

ANDERE IMAGINÄRE WELTEN

DIE ES SICH ZU ERKUNDEN LOHNT

Die umfangreichste Sammlung imaginärer Welten findest du in:

Von Atlantis bis Utopia. Ein Führer zu den imaginären Schauplätzen der Weltliteratur von Alberto Manguel und Gianni Guadalupi

Weitere Menschen und Orte zur Erkundung:

Die Geschichte der legendären Länder und Städte von Umberto Eco
Nowhere Island von Alex Hartley: nowhereisland.org
The House That Herman Built: hermanshouse.org
Jerry's Map: jerrysmap.blogspot.com
Andrea Zittel: zittel.org
Die fliegenden Schiffe von Luigi Prina
Pu der Bär von A.A. Milne
Charles Dellschau
Buckminster Fuller

Eigentlich (fast) jeder Roman

NOTIZEN

PLATZ FÜR WEITERE ENTWÜRFE

NOTIZEN

NOTIZEN

NOTIZEN

NOTIZEN

NOTIZEN

NOTIZEN

NOTIZEN

NOTIZEN

KERI SMITH

IST EINE GEHEIMAGENTIN UND WELTERKUNDERIN, DIE IN EINER KLEINEN HÜTTE IM WALD LEBT, ANGEBLICH IN DER NÄHE DES DORFES ELFRENTOH. SIE VERBRINGT IHRE TAGE DAMIT, UMHERZUWANDERN UND NACH WALDGEISTERN ZU SUCHEN, DIE SICH OFT IN GESTALT GROSSER FELSEN UND SCHIEFER BÄUME ZEIGEN (MEIST EHER NACH LINKS ALS NACH RECHTS GENEIGT). GELEGENTLICH TRIFFT SIE AUCH AUF EINEN FLUSSGEIST (OBWOHL DIE WESENTLICH SELTENER VORKOMMEN). WENN SIE NICHT GERADE AUF ERKUNDUNGSTOUR IST, ARBEITET SIE AN NEUEN ERFINDUNGEN, MIT DENEN MAN AUF ZEITREISE GEHEN, NEUE ERKENNTNISSE GEWINNEN ODER UNSICHTBAR WERDEN KANN. IN LETZTER ZEIT HAT SIE SICH BESONDERS MIT ALTERNATIVEN ZUM HERRSCHENDEN WIRTSCHAFTSSYSTEM, MIT MÖGLICHKEITEN ZUM AUFHALTEN DES KLIMAWANDELS UND MIT FRAGEN ZUR ZUKUNFT DES BUCHES BESCHÄFTIGT.

WEITERE INFORMATIONEN ÜBER KERI SMITH UND IHRE ARBEIT AUF MACHDIESESBUCHFERTIG.DE UND KERISMITH.COM

Die Originalausgabe erschien unter dem Titel
„The Imaginery World of ...“ bei Perigee, einem Imprint
der Penguin Group (USA), New York 2014
Lettering: Andreas Posselt, buero8
Druck und Bindung: Pustet, Regensburg
ISBN 978-3-95614-063-1